在这里，青春正燃

——高中自主教育的研究与实践

程志 著

中国海洋大学出版社
·青岛·

图书在版编目(CIP)数据

在这里,青春正燃:高中自主教育的研究与实践 /
程志著. — 青岛 : 中国海洋大学出版社,2023.7
ISBN 978-7-5670-3577-5

Ⅰ. ①在… Ⅱ. ①程… Ⅲ. ①中学数学课 – 教学
研究 – 高中 Ⅳ. ①G633.602

中国国家版本馆 CIP 数据核字(2023)第 149866 号

在这里,青春正燃
——高中自主教育的研究与实践

出版发行	中国海洋大学出版社
社　　址	青岛市香港东路 23 号　　邮政编码　266071
网　　址	http://pub.ouc.edu.cn
出 版 人	刘文菁
责任编辑	郭周荣
电　　话	0532-85902495
电子信箱	813241042@qq.com
印　　制	青岛正商印刷有限公司
版　　次	2023 年 7 月第 1 版
印　　次	2023 年 7 月第 1 次印刷
成品尺寸	170 mm×230 mm
印　　张	12.25
字　　数	200 千
印　　数	1～1000
定　　价	50.00 元
订购电话	0532－82032573(传真)

发现印装质量问题,请致电 0532－88703869,由印刷厂负责调换.

序 言

习近平总书记在全国教育大会上强调,要在党的坚强领导下,全面贯彻党的教育方针,坚持马克思主义指导地位,坚持中国特色社会主义教育发展道路,坚持社会主义办学方向,立足基本国情,遵循教育规律,坚持改革创新,以凝聚人心、完善人格、开发人力、培育人才、造福人民为工作目标,培养德智体美劳全面发展的社会主义建设者和接班人,加快推进教育现代化、建设教育强国、办好人民满意的教育。

课堂教学不仅承载着党的教育方针和教育思想,是国家意志在教育领域的直接体现,也反映了教师的世界观、人生观、价值观,教师的一言一行会对学生产生直接影响。

"新课改"以来,教学理念与教学方法都有了较大的改变,课堂上学生的主体性地位和主动解决问题的能力有了明显提高,自主、合作、探究成了学生主要的学习方式。同时,学生也应该是创新的提出者,学生要有质疑意识和行动,随着问题的不断推进,教师应引导学生积极参与课堂教学活动,培养勇于质疑、勇于探索的精神,这样他们的创新思想才会养成;提出问题是掌握知识不可缺少的环节,有了问题才会有思考,才会运用创新思维去解决问题。教学过程应该是以不断提出问题和解决问题的方式来获取新知识的思维过程。

学生是学习的主体,为了提升学生自主解决问题的能力,老师需要打造自主开放的课堂,将课堂还给学生;课堂也应以学生为中心,老师更应该研究如何培养新型人才。

在教学中,以问题为核心组织的教学活动,是启发式教学的具体形式,能很好地激发学生的学习兴趣、调动学生参与学习的积极性。在程老师的课堂里,真正的主人是学生,课堂的形式是多元化的,让学生自己做主,提高解决问题的能力,培养学生递化的思想,结合数学与生活,提高实践能力。

青春正燃,是指学生在教师自主教育理念的引导下,充满活力地在学校、在课堂充分发挥主观能动性,自主学习、自主管理、自主发展。自主教育是一种充分发挥生命个体发展性和主体性的教育理念,自主教育以自知为起点、以自律为模式、以自强为导向,在自主意识的前提下主导自己的人生。

本书体现了自主开放的课堂导向,这可以激发学生自主管理的能力,并充分遵循理念初步形成——探索实践——理论提升——典型案例的发展顺序。

正因如此,本着学生是学习的主体的宗旨,鼓励学生勇于创新,以自主探究为导向,改进课堂教学模式为首要目标,在教学中不断探究,构建解决问题的模式并使之在实际工作中运用与发展,这一方法的实施已取得一定成果。

本书收录了作者的一些研究成果,呈现了作者敢于探究、勇于创新的精神。本书从教学设计、课堂管理、学生差异的应对等多方面进行了论述,努力构建多元课堂、高效课堂、学生自主课堂。本书凝聚着教师的汗水与智慧,可以说篇篇都有闪光点,将会对教师的教育教学工作起到一定的指导作用。

曹圣山

2023 年春末

目 录

第一章　师生共研，开启自主尝试

2000 年大学毕业，我成了一名高中数学教师。回顾自己 23 年来的高中数学教学历程，可以说是一条与学生共同学习、共同探究、共同提高的成长之路。一路走来，在不断地摸索和尝试中，我完成了自身教学理念与方式的转变和跨越：从灌输式教学到探究式教学，从谨守教材到重视课堂创新，从封闭式课堂到开放式课堂。这个过程中有艰辛、有困惑，更有收获的幸福和成长的喜悦。

第一节　做教学与研究的新型人才
——新课程理念下问题情境的创设

我常常思考这样一个问题，学生为什么来学校，是为了学习学不完的知识吗？知识只是工具或者说手段。教师的作用应该是通过学科学习来培养学生的思考方式、生活方式，播种信念，从而达到启迪智慧的目的。教师应该在学生自主性不断提高的基础上持续开放课堂，关注学生的经验、学生的质疑，增加学生的体验，在师生交流、生生互动中拓展学生的思维，努力实现《学校在窗外》中所描述的场景："打开经验世界与发展抽象能力，与世界真正联结。"

就像新《课程标准》中指出的那样，"有效的学习活动不能单纯地依靠模仿与记忆，教师应引导学生主动地从事观察、实验、猜测、验证、推理与交流等数学活动，从而使学生形成自己对数学知识的理解和有效的学习策略"。

应用题的教学往往由于题目本身相对独立、内容枯燥、信息量大而成为教师教学和学生学习的难点，而新课标更多地强调学生要用数学的眼光从生活中捕捉数学问题，主动运用数学思想分析生活规律，自主运用数学知识解决生活中的实际问题。因此在教学中，教师要善于从学生的生活中抽象数学问题，从学生已有的生活经验出发，设计学生感兴趣的生活素材，以丰富多彩的形式展现给学生，使学生感受到数学无处不在，生活处处有数学。2004年，笔者在新教材《函数的应用举例》一课中创设卖报这一生活情境，通过问题导引，将一次函数、二次函数、分段函数、指数函数进行巧妙融合，取得了较好的课堂效果。

例1：一个报摊摊主手持100份《青岛晚报》在大街上叫卖："卖报、卖报，四毛钱一份《青岛晚报》!"试建立报摊摊主所卖报纸的份数 x 与所卖的款数 y 元之间的函数关系式。

解：$y = 0.4x(0 \leqslant x \leqslant 100, x \in N)$

教师强调：实际问题的函数定义域不仅要考虑函数解析式有意义，而且还要考虑函数的实际意义。

引申1：若摊主对学生集体批量买报（10份起）给予九折优惠，试建立摊主一次所卖报纸的份数 x 与所得款数 y 元之间的函数关系式。

分析：本题关键是"批量买报（10份起）给予九折优惠"，请学生分析含义。

解：$y = \begin{cases} 0.4x(0 \leqslant x \leqslant 9, x \in N) \\ 0.36x(10 \leqslant x \leqslant 100, x \in N) \end{cases}$

引申2：有一天下雨，摊主从报社定购的100份报纸只卖出了80份，设摊主定购时报纸的价格是每份0.3元，未卖完的报纸可以以0.2元的价格退回报社。请问，该摊主这一天卖报的利润是多少钱？

问题设置：

（1）题目中出现了哪些量？

（2）一天卖报的利润等于什么？（通过分析数据，找到等量关系式：一天的利润=卖报纸赚的钱－退报纸亏的钱）。

解：利润 $= 80 \times (0.4 - 0.3) - 20 \times (0.3 - 0.2) = 6$（元）

引申3：摊主在一个月中（按30天计算），有20天可以每天卖100份报纸,其余 10 天每天只能卖 80 份,但每天摊主从报社定购的份数必须相同,摊主打算在 80 份到 100 份范围内预定报纸数目。试问:摊主应该每天从报社定购多少份报纸,才能使每月利润最大?(学生讨论)

讨论提纲:

(1) 题目中的自变量是什么?(批发份数)函数是什么?(利润)

(2) 一个月的 30 天里,所有卖出的报纸能赚钱多少?($20 \times 0.1x + 10 \times 80 \times 0.1$)

(3) 一个月的 30 天里,所有退回的报纸亏多少钱?[$10 \times 0.1 \times (x - 80)$]

(4) 如何建立月利润 y 以 x 为自变量的函数式?$y = (20 \times 0.1x + 10 \times 80 \times 0.1) - (10 \times 0.1 \times (x - 80)) = x + 160 \ (80 \leqslant x \leqslant 100, x \in N)$

当 $x = 100$ 时,最大利润是 260 元。

引申 4: 由于 2006 年举行了世界杯,因此报社计划于 2006 年 5 月至 7 月世界杯期间添加足球副刊,而此期间报纸价格下调为 0.38 元(进价不变),其余各月仍保持原价不变,并且 2006 年内,报社不再限制每月的订报数量。若预测摊主 2006 年一年内每月售报量 Q 与月份 t 满足关系 $Q = -300(t - 5.7)^2 + 4000$,请问摊主在几月份赚钱最多?

讨论提纲:

(1) 每个月的利润与哪些因素有关?(每月的售报量 Q、每张报纸的利润)

(2) 报纸的利润 P 是多少? 是否为定值?

$$P = \begin{cases} 0.08 & (5 \leqslant t \leqslant 7, t \in N) \\ 0.1 & (1 \leqslant t \leqslant 4 \text{ 或 } 8 \leqslant t \leqslant 12, t \in N) \end{cases}$$

(3) 每月利润 y 与月份 t 函数关系式是什么?

$$y = PQ = \begin{cases} 0.08[-300(t - 5.7)^2 + 4000] \\ 0.1[-300(t - 5.7)^2 + 4000] \end{cases}$$

引申 5: 辛苦工作一年后,摊主准备将所赚的钱存入银行,经过询问比较,他决定参加一种按复利计算利息的储蓄(复利是一种计算利息的方法,即把前一期的利息和本金加在一起算作本金,再计算下一期的利息)。若本金为 a 元,每期利率为 r,设本利和为 y,存期为 x,写出本利和 y 随存期 x 变化的函数。若摊主存入本金 1000 元,每期利率为 2.25%,试计算 5 期后的本利和是多少。

解:(1) 已知本金为 a 元。

1 期后的本利和是 $y_1=a+a\times r=a(1+r)$

2 期后的本利和是 $y_2=a(1+r)+a(1+r)r=a(1+r)^2$

3 期后的本利和是 $y_3=y_2+y_2r=a(1+r)^3$

x 期后的本利和是 $y=a(1+r)^x$

(2) 将 $a=1000,r=2.25\%,x=5$ 代入, $y=1117.68$(元)

课后反思:由于题目中所设计的问题均是日常生活中发生在学生身边的、他们所熟悉的、关心的问题,因此大大激发了学生解题的兴趣和欲望。问题层层递进,思路不断深入,涉及的函数模型都是学生熟悉的基本函数,卖报人的辛勤劳作还使学生知道了"挣钱真不容易",一举多得,起到了良好的教学效果。

这节课让教师收获很大,在日常教学中,教师应当通过一点点的尝试和改变,力争成为"教学与研究"紧密结合的新型教师。同时,将一成不变的"教"教材转变为"教材为我所用",创造性地、灵活地使用教材。在吃透教材的基础上,精心选择出课本中的典型题目,创设各种问题解决的情境,设计新颖的教学过程,鼓励学生主动参与问题解决活动的过程中,让学生在发现、猜想、探索、验证等思维活动过程中受到不同层次的思维训练,真正体验到数学学习的成功感与满足感。

"磨刀不误砍柴工",我们花在教学研究和改革中的精力和时间,达到一定阶段后,就会得到"师生轻负担、教学高质量"的效果,何乐而不为呢!

第二节 将自主研究性学习渗透到数学教学中

新课程《数学课程标准》中课程的基本理念提到,高中数学课程应力求通过各种自主学习、探究活动,使学生体验数学发现和创造的历程,发展他们的创新意识。那么,能不能让研究性学习不仅仅作为研究型课程的一种学习方式,而是使其进入数学课堂,把研究性学习这种学习方式渗透到教与学的过程中呢？笔者在《幂函数》一节的教学过程中使用研究性学习的方式初步尝试,取到了较好的教学效果。

【学习背景】

幂函数是高中数学"函数"一章所学的最后一个基本初等函数。学生学习幂函数时已有了以下基础知识。

（1）已经历了正、反比例函数,一次、二次函数,指数、对数函数研究的全过程。

（2）学过了函数的定义和函数的三种表示方法(解析式、列表、图象)。

（3）掌握了研究函数性质的一般方法和步骤(给出函数的定义→确定函数的定义域→画出函数图象→研究函数性质,诸如值域、单调性、奇偶性、最值等)。

（4）已掌握了几何画板画函数图象这个工具。

这样,学生已具备了独立研究幂函数、用研究性学习方式学习幂函数的条件。

【研究性学习的操作方式与步骤】

1）地点:多媒体微机教室

2）学习方式:学生三人为一个合作小组,利用几何画板作图工具进行自主探究

3）知识准备

（1）概念形成:复习指数函数 $y = a^x (a > 0$ 且 $a \neq 1)$,对比函数 $y = x$, $y = x^2$, $y = x^{\frac{1}{2}}$, $y = x^{-1}$ 和 $y = 2^x$,如果让底数作自变量,而指数为常数,则称形如 $y = x^a (a \in R)$ 的函数为幂函数。

（2）问题设置,初探研究方向。

问题1:函数 $y = x$, $y = x^2$, $y = x^{\frac{1}{2}}$, $y = x^{-1}$ 的定义域和图象是什么？

问题2:使上述幂函数的定义域和图象产生不同的根本原因是什么？

设计意图:通过对这些函数定义域、图象的对比,引导学生发现幂函数不像前面所学的其他初等函数那样,有统一的定义域和相似的图象,而是因指数的不同产生较大差异,进而通过类比指数函数底数的分类,猜想到可能也需要对幂函数的指数进行分类研究。

（3）指数的分类探究。

【问题导引】

(1) 如果让你来分类,你的分类标准是什么?

每个合作小组利用几何画板自由选作幂函数图象,并通过对图象的观察研究确定指数的分类标准:$\alpha>1,0<\alpha<1,\alpha<0$。

根据指数分类进行函数性质的探究。

(2) 请画出一组 $\alpha>1$ 时的幂函数图象,观察:它们有共性吗? 它们的共性主要体现在哪个象限内? 你能总结出 $\alpha>1$ 时的幂函数性质吗? 当 $0<\alpha<1,\alpha<0$ 时呢?

设计意图:根据指数的三种分类,指导学生依次构造当 $\alpha>1,0<\alpha<1,\alpha<0$ 时三组幂函数图象,分工合作,研究总结每一组图象的共性,每组图象内部、每组图象间的区别和联系,分别总结 $\alpha>1,0<\alpha<1,\alpha<0$ 时的幂函数性质,最后归纳共性和个性,概括幂函数的性质。

【研究性学习片段和研究成果】

1. 学习片段 1:某小组以 $y=x^2,y=x^3,y=x^4,y=x^{\frac{5}{4}}$（如图 1-1 所示）为代表函数归纳了当 $\alpha>1$ 时的幂函数具有的性质。

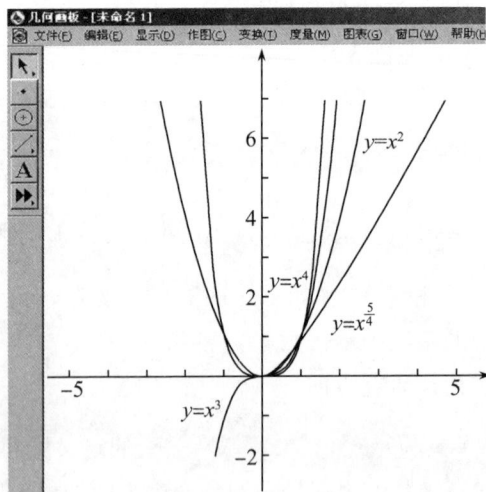

图 1-1　$y=x^\alpha$,当 $\alpha>1$ 时函数图象

(1) 幂函数在第四象限没有图象。

(2) 函数图象都过 $(0,0)(1,1)$ 点。

(3) 函数在 $(0,+\infty)$ 上是增函数。

(4) 函数图象在第一象限按逆时针方向,指数逐渐增大。

教师点评:该组学生研究的对象典型全面,性质的概括细致到位,既有共性又有个性,尤其是使用不同颜色创造了良好的研究环境,体现出了较强的研究能力。但第(4)条性质不够严谨准确,第一象限的图象是否全部是按逆时针方向,指数逐渐增大的?

其他小组补充修正:拉大单位点的长度,放大图象可以清晰地发现,讨论应以直线 $x=1$ 为界,当 $x>1$ 时,按逆时针方向,指数逐渐增大。同时,图象都在直线 $y=x$ 上方,但当 $0<x<1$ 时,结论正好相反(如图 1-2 所示)。

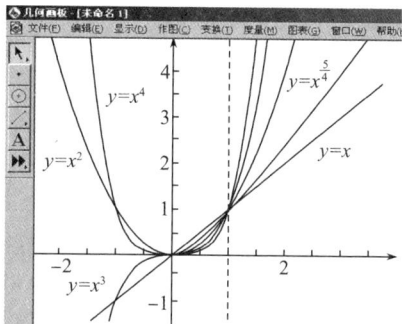

图 1-2　幂函数 $y=x^a$,$a>1$ 部分函数图象

研究成果:

当 $a>1$ 时,幂函数具有以下几个性质。

(1)幂函数在第四象限没有图象。

(2)函数图象都过(0,0)(1,1)点。

(3)函数在(0,$+\infty$)上是增函数。

(4)当 $x>1$ 时,图象都在直线 $y=x$ 上方,并且按逆时针方向,指数逐渐增大。

2.学习片段 2:在研究 $0<a<1$ 时的函数性质时,某小组以函数 $y=x^{\frac{1}{2}}$,$y=x^{\frac{1}{4}}$,$y=x^{\frac{1}{8}}$ 为代表做出了如下结论(如图 1-3 所示)。

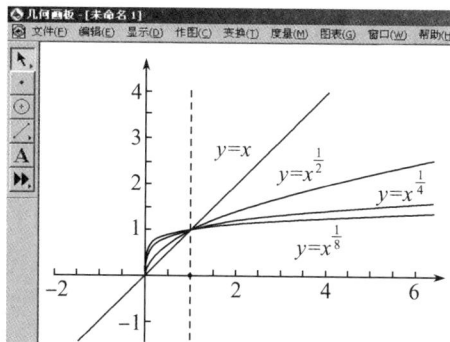

图 1-3　幂函数 $y=x^a$,$0<a<1$ 时部分函数图象

7

当 $0<\alpha<1$ 时，幂函数具有以下性质：

(1) 幂函数图象只在第一象限（此结论一出，全班哗然）。

(2) 函数图象都过 $(0,0)(1,1)$ 点。

(3) 函数在 $(0,+\infty)$ 上是增函数。

(4) 当 $x>1$ 时，图象都在直线 $y=x$ 下方，并且按逆时针方向，指数逐渐增大。

无须教师点评，其余小组便争相发表不同见解，例如，这组同学的结论(1)欠妥，实例以偏概全。函数 $y=x^{\frac{1}{3}}$，$y=x^{\frac{2}{3}}$（如图 1-4 所示）的指数同样满足 $0<\alpha<1$，但它们的图象可以经过一、二、三象限，所以我们建议将第(1)条结论仍改为"幂函数在第四象限没有图象"（该组学生的实例让教师内心兴奋不已）。

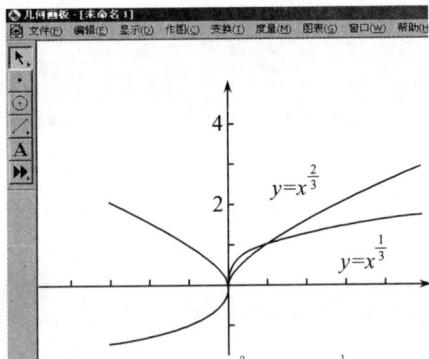

图 1-4　幂函数 $y=x^{\frac{2}{3}}$ 与 $y=x^{\frac{1}{3}}$ 图象

研究成果：

当 $0<\alpha<1$ 时，幂函数具有以下性质：

(1) 幂函数在第四象限没有图象。

(2) 函数图象都过 $(0,0)(1,1)$ 点。

(3) 函数在 $(0,+\infty)$ 上是增函数。

(4) 当 $x>1$ 时，图象都在直线 $y=x$ 下方，并且按逆时针方向，指数逐渐增大。

3. 学习片段 3：在分别研究完指数的三种分类后，学生对幂函数的性质进行再归纳整理，经过几次讨论修改后，学生最终做出了如下"结题报告"。

(1) 因为当 $\alpha>0$ 时，$y=x^{\alpha}>0$，所以所有幂函数在第四象限没有图象。

(2) 幂函数图象都过 $(1,1)$ 点，当 $\alpha>0$ 时，还过 $(0,0)$ 点。

（3）当 $\alpha>0$ 时,幂函数在 $(0,+\infty)$ 上是增函数;当 $\alpha<0$ 时,幂函数在 $(0,+\infty)$ 上是减函数。

（4）当 $\alpha=0$ 或 $\alpha=1$ 时,幂函数图象是直线型;当 $\alpha>1$ 时,函数图象经过 $(1,1)$ 点后,图象在直线 $y=x$ 的上方,而 $0<\alpha<1$ 时幂函数的图象在直线 $y=x$ 的下方,并且函数图象类似抛物线型;当 $\alpha<0$ 时,函数图象是类似双曲线型。

（5）当 $x>1$ 时,所有幂函数图象都满足按逆时针方向,指数逐渐增大。

（6）在每一组指数分类中,幂函数均可出现三种图象分布,即只在第一象限,同时在一、二象限(此时函数是偶函数)或同时在一、三象限(此时函数是奇函数)。

（7）综合上述性质,我们画幂函数草图的一般方法是:通过解析式的指数确定函数的研究范围并画出函数在第一象限的图象,再结合函数的奇偶性便可得到完整图象(如图 1-5 所示)。

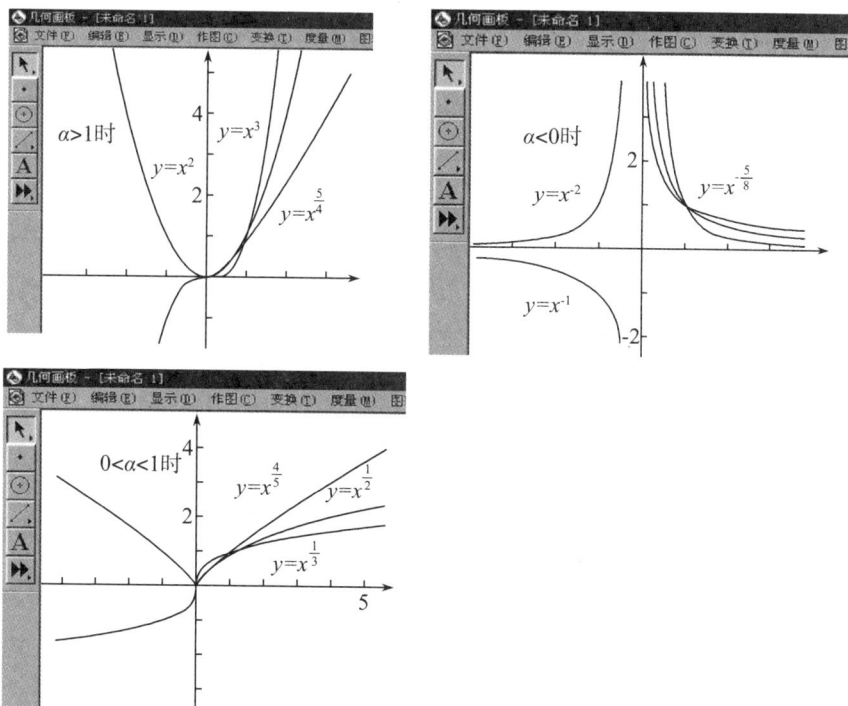

图 1-5　幂函数 $y=x^{\alpha}$ 的三类函数图象

每节课后的及时反思,对一线教师来说是非常重要的,对于这节课的学习安排，笔者思考了很多更深层次的环节。

第一，在教学中开展研究性学习最大的困难是什么？是教学内容的设计。由于学生自主学习的知识是一种认知形态的知识，所以，在做课前的教学设计时，教师应当结合学生的实际水平、认知特点把较为抽象的学术形态的知识转化为认知形态的知识，这就需要教师充分挖掘背景知识，将教材中适合进行研究性学习的内容提炼出来，进行再整理再加工。

第二，由于学生的个体差异，学生自主建构的方式、速度和深度是不一样的，这种认知的差异性是客观存在的，教师不应该采取回避态度，而是要利用它并用好它（如学习片段2）。因为这种差异之间具有鲜明的个性特点和很强的互补性，教师应当鼓励学生按自己的认知方式主动建构，只有这样才能最终体现出学生之间的交流、评价和反馈的重要作用，并通过资源共享，检查落实教学目标。

第三，在研究性学习的大环境下，运用计算机辅助教学，为学生创设丰富多彩的教学情境，增设疑问，巧设悬念，将实验带入数学教学课堂，激发学生获取知识的求知欲，充分调动学生的学习积极性，使学生由被动接受知识转为主动学习，积极配合课堂教学，主动参与教学过程，从而提高学习效率。

第四，在研究性学习中，教师不再是权威，教师对教学过程和知识的垄断被打破，学生提出的创新意见和方法、学生的研究成果都会远远超出教师的预料，甚至会超出教师擅长的领域，因此，研究性学习也是一个共同提高、教学相长的过程。

第五，是不是所有课堂教学都适合采用研究性学习的方式呢？个人认为，由于课堂时间和容量的限制，适合学生"研究"的题目，不仅要"力所能及"，还要对学生的发展有价值，如已有知识铺垫或是运用所学知识解决学生经常遇到的实际问题。在课堂教学中更适合采用短课题甚至是微课题的形式进行。将研究性学习渗透到课堂教学中，能有效改变传统教学中只注重对书本知识的机械记忆、浅层理解、简单应用。注重创新所要具备的基本能力的培养，即在自主研究过程中激活已有知识，掌握研究方法和技能，形成获取新知识并解决问题的能力，在此过程中，学生的主体意识、独立精神等人格因素得到很好的发展。当然，接受性学习在帮助学生积累间接经验、传递系统的学科知识方面，其高效率也是其他学习方法无法比拟的，所以，在某些情况下，这种学习方式是必要的。"这节课真过瘾，我可以随意画出那么多函数图象，非常直观。""我学到了课本上学不到的知识，掌握了函数研究的一般方法，今后再遇到陌生函数也知道该从哪些方面入手了。""老师，我还有结论你看对不对？如果把指数写成分数形式，分子分母的取值对函数的奇偶性有影响的，规律是……"一下课，学生便迫不及待地与我分享他们的新发现。写到这里，笔者不禁又想起了"授之以鱼不如授之以渔"这句话。笔者认为，将研究性学习融入数学课堂教学，这是落实课程改革非常有益的措施。

第三节　打破传统，还课堂与学生

——一节学生自主设计的概率课

古典概型和几何概型是教材中独立的两课时内容，按照传统的授课形式，教师一般会先布置预习作业，请学生自学古典概型的概念，然后在课堂中讲解概念、课本例题与练习，再请学生从生活中找出具体实例，带到课堂中师生讨论，共同学习。接下来，再类比学习几何概型，因为内容简单易于掌握，所以上课过程往往让人感觉索然无味，但是这一次教学效果却让人出乎意料。

学生行为 1：布置完预习作业的第二天，一个走读的女生就兴冲冲地来找我："程老师，我昨晚看了中央二台的一个娱乐节目叫作'购物街'，可有意思了，里面有个摸炸弹的游戏，我认为那就是古典概型，请您帮我下载下来，我想上课的时候分享给同学们。"

教师行为 1：通过网站，我找到了学生说的节目，里面有个环节叫作"小心炸弹"。5 个数字球和"炸弹"球一起放到袋子里，选手需要从袋子里摸球。如果摸到数字，选手要判断这个数字位于正确价格的什么位置。如判断正确，球不再放入袋子里，选手继续摸球；如判断错误，这个球必须放回袋子里，选手继续摸球，直到选手将所有数字的位置判断正确，即可获得奖品。但是，如果摸到"炸弹"球，选手失去一次机会，"炸弹"还要放回袋子里；选手如果摸到三次"炸弹"，无论他离奖品有多近，游戏都将结束，他将一无所获。

这个游戏让我眼前一亮，如果提炼得当，这确实是一个很好的古典概型事例，而且还蕴含着放回、不放回的问题，真是一个用心的好学生！

电脑里的游戏在继续着，忽然，另一个游戏引起了我的注意：

"大转轮"——一个大型转轮上平均分布着 5、10、15……一直到 100 共 20 个数字。三名选手依次转动转轮，每个人最多有两次机会。选手转动转轮的数字之和，最大且不超过 100 者即胜出，可以参加"对决 321"环节。选手每次必须把转轮至少转动 1 圈才有效。

如果要算出一位选手一次转出 20 分的概率是多少，这不就是一个几何概型吗？能不能引导学生自己去发现呢？

教师行为 2：下课后，我找到了这个女生，跟她说："老师看过节目了，你的例子找得很有意思，不过这个游戏你还没有挖掘透，今天晚上给你两个任务：第一，把课本的古典概型和几何概型两小节读完。第二，把这期节目再看一遍，能不能有新的收获？"

学生行为 2：当天晚上我就收到了学生的短信："程老师，你是不是想说那个大转轮是几何概型啊，嘿嘿。"这个古灵精怪的小丫头，一点就通！"聪明，看来这两节课你都会了。"我这样回信。"这也行？这不我也能上课了！"她又发来短信。

教师行为 3：怎么就不能全部放给学生去做呢？好主意！"作为你好学的奖励，我要送你一份礼物，明天早晨到办公室来。"短信沟通到此结束。

第二天，学生兴冲冲地来到办公室："什么礼物啊，程老师？""经过慎重考虑，我决定由你来给同学们讲解接下来的内容，不过你放心，我会做你坚强的后盾，需要什么帮助你尽管提！"

师生合作：接下来的课间休息、午间休息、下午自习都成了我俩的"集备"时间，通过讨论，我们定下了下面几个关键点：基于她的课前引例，我们决定把古典概型和几何概型的概念放到一起讲解，这样可以通过对比加深同学们的认识；对于概念的提炼需要设计几个问题来完成，最终我们做了这样的选择。

游戏一的问题题组包括以下内容。

(1) 游戏者第一次摸到"炸弹"的概率是多少？如果没有"炸弹"，每个数字每次被摸中的概率是多少？有什么特点？假若没有"炸弹"，游戏者一次就猜中价格的概率是多少？它符合哪种概率模型？

游戏二的问题题组包括以下内容。

（1）转到 100 分的含义是什么？必须要转到区域中间的位置吗？

（2）游戏者第一次就转到 100 的概率是多少？如果 100 的区域长度不变，而改变它在轮子上的位置，概率会变吗？

（3）第二位游戏者选择不再继续，你认为他的选择有道理吗？

（4）这个游戏是古典概型吗？

其他方面，包括课堂语言应该注意什么、如何评价同学们的回答、板书怎么设计、如何处理练习，甚至课件的制作和展示，我们也都精心做了准备。

诚如所预期的那样，这堂课取得了空前的成功。

在本课的反思中，我认识到新课程《数学课程标准》中课程的基本理念——高中数学课程应力求通过各种不同的自主学习、探究活动，让学生体验数学发现和创造的历程、发展他们的创新意识的重要性。新课程改革不仅改变了学生的学习生活，也改变了教师的教学生活。作为一种全新的教学理念，新课程改革提出了自主、合作、探究的学习方式，强调课堂教学要体现学生的主体性、师生在教学中应该是平等的交流等理念。教师在备课、上课以及对学生的评价方式上都发生了翻天覆地的变化，这一次的"无心插柳"带给了我一连串的惊喜，同时也让我不断地思索。

第四节　让"形"动起来
——师生合作，自主研发"几何画板"校本课程

数形结合是数学学习的一种重要思想方法，对此，著名数学家华罗庚曾这样描述："数缺形时少直觉，形缺数时难入微。"除了板书画图外，如果教师能利用好多媒体辅助教学进行展示，将会是一种学生更容易接受的数形结合方式。在"几何画板"选修课的教学过程中，我感受到几何画板是数学学习强有力的探索工具，利用它，学生可以手脑并用解决问题，特别适合开展探究式学习。于是，借助选修课这块"试验田"，借助几何画板这个"实验工

具"，我进行了一些有益的尝试，取得了较好的效果。

实例：方程 $\lg x = \sin x$ 的解的个数有几个？（　　　）

A．1个　　　　　B．2个　　　　　C．3个　　　　　D．0个

传统教学：教师请学生分别画出函数 $y = \lg x$ 和 $y = \sin x$ 的草图，然后结合函数性质进一步分析图形特点，引导学生带入特殊值进行检验，最后请学生总结此类题目的规律。这种方式存在以下缺点。

（1）画草图要求学生对函数的性质非常熟悉，如果图形误差较大，容易得出错误结论。

（2）题目的推广性差，形如方程 $\lg x = \sin \omega x\,(\omega \in R)$ 的解的个数问题如何讨论？此类问题，学生独立探究学习的能力得不到充分的锻炼。

几何画板辅助教学：在教学的过程中，上述问题尝试如下解决方案：

（1）学生可以使用几何画板软件在同一坐标系中绘出函数 $y = \lg x$ 和 $y = \sin x$ 的图象，观察图象的交点个数，得到结论。

（2）探究：方程 $\lg x = \sin \omega x\,(\omega \in R)$ 的解的个数。你有办法直观地表示出来吗？

此时，学生可运用几何画板中参数命令和函数绘图命令画出函数 $y = \sin \omega x$ 的图象，随着 ω 的赋值不同图象不断变化，与 $y = \lg x$ 的图象的交点个数可随时得以直观展示。

（3）进一步探究：在运用计算机解决问题的过程中，你能否发现此类问题的规律？能否找到一种不用计算机解决问题的方法。

在此次授课的课后反思中，笔者有如下建议给各位老师。

1. 让学生体验数学学习的"另类"方式

几何画板具有强大的动态变化功能与交互功能，通过学生的参与和亲手操作，使枯燥抽象的内容变成生动形象的图形，原本不明白或想象不出的知识变得一目了然，原来静止孤立的数学图象、曲线和模型都极具生气地运动变化、有机联系了起来。

2. 以"数学实验"的形式改变了数学的教学模式

教师把几何画板的使用权交给学生，让他们自己动手去改变图象、曲线的形状，让他们自己去观察形和数的变化，让他们自己去猜测、归纳、验证从而得到正确的结论，这时，课堂就真正还给了学生，在这里他们尽情展示发挥，老师只在"被需要"时出现。大量丰富多彩的图象的直观展示更是打破以往教学的局限性，可以说学生想要什么就有什么，没有什么可以创造什

么，经过近三年的常规教学和选修课的尝试，我们取得了很好的效果，学生的积极性很高，制作了很多很好的课件，并在课堂上进行了展示交流。

3. 更符合新课改的精神，科学合理地处理好"主导"和"主体"的关系

在探究式学习的课堂里，教师不再是单纯的知识的讲授者，而是学生获取知识的引导者。学生也不再是知识的被动接收者，而是知识的主动探求者：我真正的问题是什么？我需要获得的帮助是什么？在学生自主思考下的需求才是教师在课堂中应该重点关注的内容，这样才能真正体现出教师的主导作用和学生的主体作用。这样的教学方式注重知识的形成过程，有了深入的探索过程，结论的形成也就有了牢固的基础，学生获得的是真正的数学能力，而不仅仅是数学结论。这样的教学强调的是学生探究式的自主学习，教给学生的是学习的方法和获取知识的能力。

附：开设选修课程"几何画板在数学中的应用"的教案目录

第一节　　　　　　几何画板基础知识简介

第二节　　　　　　操作类按钮介绍

第三节　　　　　　变换菜单介绍

第四节　　　　　　度量菜单功能说明

第五节　　　　　　图表菜单功能介绍

第六节　　　　　　绘制某区间内的函数图像

第七节　　　　　　函数 $y = A\sin(\omega x + \phi)$ 的图像的画法

第八节　　　　　　与两圆均相切的圆的圆心的轨迹

第九节　　　　　　用多种方法画椭圆

第十节　　　　　　如何作圆、椭圆、双曲线、抛物线的切线

第十一节　　　　　用几何画板揭示抛物线焦点弦的内在性质

第十二节　　　　　研究圆锥曲线的光学原理

第十三节　　　　　利用几何画板解决有关函数图像交点个数问题

第十四节　　　　　利用几何画板研究最大角问题

第十五节　　　　　验证三棱柱体积与相应三棱椎体积的关系

第十六节　　　　　研究性课题——制作雪花线

第十七节　　　　　研究性课题——圆周率的计算

第十八节　　　　　自主创新探究

第二章　生本智慧，打造自主模式

第一节　学生自我递化思想，体会数学与生活

——算法的概念

　　在信息技术高度发达的现代社会，算法思想应该是学生必备的科学素养之一。"算法的概念"是高中数学人教 B 版教材必修 3 第一章"算法初步"的第一节内容，本小节是高中数学课程标准的新增内容，新教材在编写时尊重学生的认知规律，注重能力的螺旋上升，因为在前面的学习中，学生已经积累了丰富的算法实际经验，所以本节课教师的责任便是让学生从生活、教材实例中将算法的概念抽象出来并归纳概括出其特点，然后再依据算法的概念和特点来解决实际问题，设计出一个新的算法，从而加深对算法概念的理解；最后，教师引导学生通过例题的解题步骤提炼出算法的过程，使算法思想在学生心底生根发芽。这样的教学过程有利于培养学生的逻辑推理、数学抽象等能力，也有利于学生理解构造性数学，培养其勇于创新、主动应用算法思想解决实际问题的意识。

　　虽然是章节起始课，但本节内容地位非常重要。算法思想是逻辑数学最重要的体现形式之一，本节课不仅可以让学生体会算法概念，认识算法的自然语言、数学语言，还可为学生后续学习程序框图、算法的基本结构和语句奠定基础。

　　在确定本课教学目标时，笔者做出如下设计内容。

（1）请学生收集生活中的算法实例,通过实例的再现分享,让学生体会算法思想,帮助学生初步形成算法概念的雏形。

（2）筛选出更为典型的算法实例,通过对这些算法实例的进一步分析与探究,引导学生对算法的特征形成更全面的了解,帮助其完善算法的概念,进一步培养学生理性思维的能力。

（3）设计问题串,放手让学生自主设计算法实例,通过该环节进一步完善学生对算法概念的理解,帮助学生准确把握算法的基本特征,学会用自然语言或数学语言描述算法,培养学生科学严谨的逻辑思维能力。

（4）教师利用学生在课堂上生成的实例,渗透算法的基本结构和程序框图,承上启下,为下节课的学习分散难点。

一、教材分析

生活中很多问题是按照指定的步骤一步步解决的。学生在初中学习过的二元一次方程组的求解过程,高中数学必修 1 中求函数零点的二分法的解题步骤、必修 5 中线性规划问题的解决过程等知识都帮助学生积累了算法的实际经验。

（一）教学难点

本节课的是对算法概念的理解和对算法的描述,尤其是学生普遍对循环问题的递归语言表达感到困难,通过短短的 40 分钟,利用有限的几个实例,学生想要通过这节课完全掌握并用递归语句描述算法是很困难的,所以,教师应该在章节设计中具有前瞻性,在后续的程序框图和基本算法语句的授课过程中不断将这种表达方式予以强化。

（二）难点突破

（1）通过学生分享的生活中的算法实例,教师引导学生分解算法思想求解的"步骤",从而帮助学生建立算法的概念,熟悉算法的自然语言的表达。

（2）教师引导学生进一步领会算法的思想,学会用自然语言与数学语言描述算法。这里需要特别指出的是,教师应通过设计帮助学生领会算法概念,而不在于算法所涉及的问题的本身,教学时可以让学生回顾解题过程,然后再让他们整理出步骤,并有条理地用自然语言表达出来。

二、教学过程

（一）直奔主题,导入课题

（展示本节课的题目"算法的概念"）提出问题:请各位同学思考,你们认为什么是算法？

设计意图:让学生先用自己的语言谈谈对算法的理解和认识,初步思考算法的含义,并带着问题去学习,通过学习不断地将对算法的模糊认识"清晰"起来。

（二）创设问题情境

问题1:把大象装进冰箱,需要分几步?

问题2:现有九枚硬币,有一枚略重,你能用天平(不用砝码)将其找出来吗?

第一步:把九枚硬币平均分成三份,取其中两份放天平上称,若平衡则重的在剩下的一份里,若不平衡则在重的一份里;

第二步:在重的一份里取两枚放天平的两边,若平衡则剩下的一枚就是所找的,若不平衡则重的那枚就是所要找的。

问题3:一个小游戏:河岸边停着一条船,只能允许两个人同时乘坐,现在有三个牧师和三个野人需要过河,在河的任何一方或者船上,如果野人的人数大于牧师的人数,野人便可吃掉牧师。请同学们设计一种安全的渡河方法。(学生分组讨论,上台展示)

第一步:两个野人过河,一个野人回来;

第二步:再送两个野人过河,一个野人回来;

第三步:两个牧师过河,一个野人和一个牧师回来;

第四步:两个牧师过河,一个野人回来;

第五步:两个野人过河,一个野人回来;

第六步:两个野人过河。

设计意图:通过现实生活中的实例,激发学生学习兴趣,让学生初步感受算法的概念。问题2的设计,还会让学生体会到解决问题的算法不是唯一的。

算法的概念:我们把用来解决问题的一系列步骤叫作算法(Algorithm)。对于一项任务,按照预先设计好的步骤,一步一步执行,则这些步骤就是完成该任务的一个算法。

（三）经典再现,建立算法概念

例1:一群小兔一群鸡,两群合到一群里,要数腿共48,要数脑袋整17,多少小兔多少鸡?

　　设计意图："鸡兔同笼"是我国古代数学著作《孙子算经》中的一个有趣且具有深远影响的问题,通过对学生所熟悉的问题进行解决,不仅能帮助学生初步建立算法的概念,为后续学习复杂问题时用自然语言描述算法打好基础,同时还可以让学生了解我国的数学发展史,激发学生民族自豪感。

　　解：S1：设有 x 只鸡,y 只兔

　　S2：列方程 $\begin{cases} x+y=17 \\ 2x+4y=48 \end{cases}$

　　S3：解方程,得 $x=10,y=7$

　　S4：答：笼子里有鸡 10 只,兔子 7 只。

　　师生活动：通过解方程的过程,让学生了解我们主要用的是消元的思想,即高斯消去法。当然,这里的重点不是解方程的方法,而是和学生共同整理出一个解方程的步骤,并且指出该法可以推广到一般的二元一次方程。

　　引申：解方程组 $\begin{cases} a_{11}x_1+a_{12}x_2=b_1 \\ a_{21}x_1+a_{22}x_2=b_2 \end{cases}$

　　设计意图：通过一个具体的二元一次方程组求解,让学生重新审视、回顾解一般二元一次方程组的步骤,从而提高学生对算法普遍适用性的认识,使学生意识到算法的本质往往解决的是一类问题,是有必要进行研究的。

　　师生活动：S1：计算 $D=a_{11}a_{22}-a_{21}a_{12}$;

　　S2：如果 $D=0$,则原方程组无解或者有无穷多组解,否则 $D\neq0$;

$$x_1=\frac{b_1a_{22}-b_2a_{12}}{D},x_2=\frac{b_2a_{11}-b_1a_{21}}{D}$$

　　S3：输出计算的结果 x_1,x_2 或者无法求解的信息。

　　例2：用计算机编写一个算法,在给定两个正实数 a,b 的情况下,求以 a,b 为边长的长方形的面积 S 和周长 C。

　　解：
S1　输入 a,b 的值;
S2　计算 $S=a*b,C=2*(a+b)$;
S3　输出 S 和 C 的值

　　例3：写出一个求有限整数序列中的最大值的算法。

　　S1：先假定序列中的第一个整数为"最大值";

　　S2：将序列中的下一个整数值与"最大值"比较,如果它大于此"最大值",这时假定"最大值"是这个整数;

S3：如果序列中还有其他整数，重复 S2；

S4：在序列中一直到没有可比的数为止，这时假定的"最大值"就是这个序列中的最大值。

设计意图：通过例 2 与例 3，让学生体验由简单到复杂的过程，尝试用自然语言、数学语言，甚至是计算机语言编写简单的算法，引导学生归纳出算法的基本结构和程序框图，巩固对算法概念的理解，同时为下节课的学习分散难点。

（四） 巩固提升算法概念

（1）下列关于算法的说法正确的是（　　　）。

  A．某算法可以无止境地运算下去

  B．一个问题的算法步骤可以是可逆的

  C．完成一件事情的算法有且只有一种

  D．设计算法要本着简单、方便、可操作的原则

（2）下面是 $1\times3\times5\times7\times9$ 的一个算法，请补充完整。

  第一步：计算 1×3 得 3；

  第二步：将 S1 的结果乘以 5 得 15；

  第三步：＿＿＿＿＿＿＿＿＿＿＿＿＿；

  第四步：＿＿＿＿＿＿＿＿＿＿＿＿＿。

（3）一个算法步骤如下：

  S1：令 S 的值为 0，i 的值为 6；

  S2：如果 $i\leqslant8$ 则执行第三步，否则执行第六步；

  S3：计算 $S+i$ 的值，并将结果代替 S 的值；

  S4：用 $i+1$ 的值代替 i；

  S5：转去执行第二步；

  S6：输出 S。

运行以上步骤，输出的结果为 $S=$ ＿＿＿＿＿＿＿。

设计意图：通过练习，进一步帮助学生将算法的一般特征进行提升归纳，并初步渗透循环结构算法的表达，为下节课做好铺垫。

（五） 学生归纳小结

设计意图：教学内容首尾呼应，通过引导让学生发现，与一般解决问题的过程相比，算法具有明确性、有效性、有限性、不唯一性等特点。

（六） 课后练习

（1）人教 B 版高中数学必修第三册第 7 页课后习题。

（2）请同学们试着举出生活中或者数学中的一些可以用算法来解决的例子。

（七） 教学反思

（1）对学生而言，算法是看似简单但却不容易理解和掌握的内容。算法的实质是将人的思维过程处理成计算机能够一步一步执行的步骤，进而转化为一步一步执行的程序，这种处理问题的方式，学生是有经验的，但学生并没有意识到这是一种"算法"，只有通过系统学习，学生才可能把这些经验提升到新的高度来认识。所以本节课的实例具有趣味性、基础性，即问题本身的算理并不复杂，但是蕴含丰富的算法思想。

（2）本章内容涉及许多案例，这些案例的算法在计算机应用中所体现的数学思想和思维方法都很有深度。本章内容如果结合计算机实际操作应该会有更好的效果，但是由于考察形式所限，题目设计中很难出现开放度较大的自主设计算法的内容，这就导致在实际教学过程中容易出现让学生做做考试题、知道考试如何考即可、少讲甚至不讲的情况，背离了教材编写者的初衷。

第二节　你的课堂你做主
——直线的倾斜角和斜率

数学老师最喜欢做的事情之一是将课本的例题不断改编，让它成为变式 1、变式 2，一直到变式 n，旨在让学生通过这些难度不断提升的题目，巩固加深对概念的理解，取得了一定的教学效果。但是，这种一成不变的授课模式，容易让学生失去兴趣，感觉学习很枯燥。在教授"直线的倾斜角和斜率"

一课时,笔者创设情景,利用坡度引进倾斜角:我校依山而建,处处可见坡度不同的斜坡。生活中是用坡角、坡度来描述倾斜程度的,这引起了学生的学习兴趣。我们开始深入研究,定义倾斜角。

【环节一:倾斜角】

探究 1:若将直线放在平面直角坐标系中,能否也用一个类似的角描述它的倾斜程度?

教师活动:通过 PPT 中的四个图引导学生讨论并得出结论:直线向上的方向与 x 轴正向所成的角叫作直线的倾斜角。

设计意图:在此过程中,学生深入挖掘定义,讨论为什么倾斜角的定义是相对于 x 轴的。学生在学习的过程中一步步探索定义的来龙去脉,获得成就感。

探究 2:这样给出的定义是不是涵盖了所有的情况了?

学生发现上述定义没有包含与 x 轴平行或重合的情况,于是补充规定,当直线与 x 轴平行或重合时,我们规定直线的倾斜角为 $0°$。

从而得到倾斜角的范围是:$0° \leqslant \alpha < 180°$。

教师追问:直线确定后,倾斜角是否确定?反之,若给出直线的倾斜角,直线能否唯一确定?它们有怎样的位置关系?还需要加什么条件?(为后续斜率的引入和直线方程奠定基础)

【环节二:斜率】

在学习直线的斜率环节时,笔者做了如下安排。

问题设置 1:已知直线过原点 $0(0,0)$、$P(\sqrt{3},3)$,你能求出该直线的倾斜角吗?若直线过原点 $0(0,0)$、$P(-\sqrt{3},3)$,倾斜角的大小又是多少?若点 P 在第三、第四象限呢?

学生归纳:若直线过原点 $0(0,0)$、$P(x,y)$,则 $\tan \alpha = \dfrac{y}{x}$。

教师点评:通过大家的归纳可以看出点的坐标也可刻画直线的倾斜程度,而它正是倾斜角的代数化,我们把这个比值叫作直线的斜率 k,即 $k = \tan \alpha \left(\alpha \neq \dfrac{\pi}{2} \right)$。

教师追问:若直线不经过原点,可否也用坐标表示直线的斜率?已知直线上任意两点的坐标为 (x_1,y_1)、(x_2,y_2),你认为它的斜率是什么?

学生猜想：$k = \dfrac{y_2 - y_1}{x_2 - x_1}(x_1 \neq x_2)$。

教师引导学生证明：利用四个图象，分不同情况予以证明，并进一步发现公式的结果与点坐标的顺序没有关系。

进一步探究：刚才的证明过程需要不同情况的分类讨论，能否回避？能否转化为过原点的情况？

学生活动：可以通过向量平移完成转化，从而避免了分类讨论。

【环节三：倾斜角与斜率的关系】

当学习进行到倾斜角及斜率的关系时，笔者是这样安排的。

问题设置 2：当直线的倾斜角 α 在 $0° \leqslant \alpha < 180°$ 范围内变化，斜率 k 如何变化呢？

学生互动探究，得到如下结论：当 $\alpha = 0°$ 时，$k = 0$；

当 $0° < \alpha < 90°$ 时，$k > 0$，从 0 单调递增到正无穷大；

当 $\alpha = 90°$ 时 k 不存在；

当 $90° < \alpha < 180°$ 时 $k < 0$，从负无穷大递增无限趋近于 0。

【环节四：你的课堂你做主——命题大赛环节】

通过今天所学的知识，你能解决哪些问题？你能自主设计题目吗？

命题大赛：请围绕 $k = \tan \alpha = \dfrac{y_2 - y_1}{x_2 - x_1}(x_1 \neq x_2)$ 自主设计题目并给出正确的求解过程（个人或组队皆可）。

这个环节让学生们感到很兴奋，他们摩拳擦掌，准备"大干一场"。

学生 1：若直线 l 经过 $A(3,2)$、$B(1,0)$ 两点，求 l 的斜率。

学生 2：已知直线 l 经过 $A(4,-6)$、$B(-1,-1)$ 两点，求 l 的斜率和倾斜角的大小（题目出到这儿，学生们自己都乐了，显然他们自己也觉得题目有点儿简单）。

教师点评：同学们，刚才的题目设计得很好，看似简单但把握住了关键：就是公式的基本应用。唯一的不足是题型单一，都是求值问题，能不能从题型上突破一下？

学生 3：我编了一个方程问题：已知直线 l 的倾斜角是 $60°$，直线上点 A $(7,4)$、$B(2,x)$ 两点，求 x 的值。（学生们深受启发，思路越来越开阔）

学生 4：受刚才那位同学的启发，我也设计了一个问题：三个点 $A(4,$

-6)、$B(-1,-1)$、$C(2,x)$在一条直线上,求 x 的值。

而且这道题我自己有三个解法,第一个是用斜率公式;第二个是向量法;第三个是先求出直线方程,再代入点的坐标(全班学生鼓掌喝彩)。

学生 5:我设计的题目和三角函数结合了一下:已知 l 的倾斜角满足 $\sin \alpha = \dfrac{3}{5}$,求 l 的斜率。

学生 6:我设计的是范围问题:已知 l 的倾斜角的范围是 $\left[\dfrac{\pi}{3},\dfrac{2\pi}{3}\right]$,求斜率的范围。

......

在一番头脑风暴之后,我和学生们一起再次将倾斜角和斜率的题目细化分类,将数形结合、分类讨论等思想方法逐一提炼。布置作业时,我没有再做其他安排,而是将课堂上学生们未能来得及展示的设计作为作业,并要求学生对今天设计的题目进行评价,同时思考这样一个问题:什么样的题目是好题目?

【课后反思】

(1) 这节课的内容蕴含着丰富的数学思想和方法,如用代数方法刻画直线倾斜过程的解析几何思想;用斜率公式推导过程的数形结合、分类讨论、类比、归纳猜想等,这需要教师在备课时既要从大局把握,又要分清主次。

(2) 由于部分学生学有余力,再加上向量工具的重要性,所以在证明两点斜率公式的推证过程的设计时,笔者引导学生给出了两种证明方法,既练习了分类讨论,又可通过对比展示向量的巨大功能,强化学生使用向量的意识。

(3) 大胆创新,改变传统的例题讲授模式,将课堂还给学生,通过学生的自主参与,不仅大大提高了学生的学习兴趣,同时也便于教师及时掌握学生的认知程度。学生的题目设计从最基本的代数求值逐渐到方程、不等式、三角函数的演变过程,实际上就是学生对本节课重点的理解和领悟过程。由于时间关系,学生没有得到更多、更好的展示机会,笔者又通过作业的形式将这个过程延续到了课后,学生从中获得了巨大的喜悦和成就感,取得了很好的教学效果。虽是初次尝试,但笔者也很兴奋,以后,这种改变会越来越多。

对一线教师来讲,上好一堂课是非常有成就感的事情,它总能激励着我们不断改进教学方式。

第三节　提高学科思维能力,有效提升复习效能

——函数与导数复习建议

函数与导数是高中数学重要的知识板块,是高考考查的重点内容。尽管该类问题的解决有规律可循,但解决问题的原则还是应该进一步巩固和加强。

一、解决问题的原则

1. 定义域优先原则

函数与导数问题,无论涉及函数的奇偶性、单调性、对称性、周期性还是求函数最大(小)值以及画函数图象,都是在定义域内进行的,故凡是函数问题都应先求定义域,确保在准确的前提下正确地做出解答。

例 1:已知函数 $f(x)=\log_3 x+2(x\in[1,9])$,求函数 $f(x)=[f(x)]^2+f(x^2)$ 的最大值。

不难发现,函数 $f(x)=[f(x)]^2+f(x^2)$ 的定义域为 $\begin{cases}1\leqslant x\leqslant 9\\1\leqslant x^2\leqslant 9\end{cases}$,

解得 $1\leqslant x\leqslant 3$,该问题的解决是在定义域为 $[1,3]$ 的前提下进行的。若没有定义域优先的原则,仍然在定义域为 $[1,9]$ 的情况下求解,则会出现错误的结果。

2. 重新建构原则

解决函数与导数问题的过程,其实是一个对问题再认识的过程。这一过程将综合性较强或不熟悉的问题重新进行建构,转化成若干个熟悉的小问题,进而给出解答。

例 2:讨论方程 $2\ln x=x^3-2ex^2+tx$ 的实根个数。

不难发现,直接构造函数 $f(x)=2\ln x-x^3+2ex^2-tx$ 求导,问题不易

得到解决。若将该问题进行重新建构，把原方程变形为 $\dfrac{2\ln x}{x}=x^2-2ex+t$，构造熟悉的函数 $L(x)=\dfrac{2\ln x}{x}$，$H(x)=x^2-2ex+t$，将原题分解成两个熟悉的函数后分别求导，再借助函数图象，问题便迎刃而解。

解：因为 $x>0$，所以方程可变为 $\dfrac{2\ln x}{x}=x^2-2ex+t$。

令 $L(x)=\dfrac{2\ln x}{x}$，$H(x)=x^2-2ex+t$，得 $L'(x)=2\cdot\dfrac{1-\ln x}{x^2}$。

当 $x\in(0,e)$ 时，$L'(x)\geqslant0$，所以 $L(x)$ 在 $(0,e]$ 上为增函数；

当 $x\in(e,+\infty)$ 时，$L'(x)\leqslant0$。所以 $L(x)$ 在 $(e,+\infty)$ 为减函数；

当 $x=e$ 时，$L(x)_{\max}=L(e)=\dfrac{2}{e}$，

又 $H(x)=x^2-2ex+t=(x-e)^2+t-e^2$，在同一坐标系中画出函数 $L(x)$，$H(x)$ 的大致图象，

(1) 当 $t-e^2>\dfrac{2}{e}$，即 $t>\dfrac{2}{e}+e^2$ 时，两个函数图象没有交点，故方程无解；

(2) 当 $t-e^2=\dfrac{2}{e}$，即 $t=\dfrac{2}{e}+e^2$ 时，两个函数图象只有一个交点，故方程只有 1 个解；

(3) 当 $t-e^2<\dfrac{2}{e}$，即 $t<\dfrac{2}{e}+e^2$ 时，两个函数图象有两个交点，故方程有 2 个解。

由此可以看出，一些综合性问题，实际上是由一些熟悉的基本函数模型组成的，合理的建构可使问题简单明晰地得到解决。

例3：比较 π^e 和 e^π 的大小

对于 π 和 e 这两个无理数，考生非常熟悉，可如果要比较 π^e 和 e^π 的大小则并不是一件简单的事情，为此，经过分析后，若能重新进行建构，不失为一个解决该问题的简捷有效的方法。

设 $a=\pi^e$，$b=e^\pi$，要比较 a 与 b 的大小，只要比较 $\ln a=e\ln\pi$ 和 $\ln b=\pi\ln e=\pi$ 的大小即可，为此，可构造函数 $f(x)=e\ln x-x(x>0)$，通过求导来解决。

解:设 $f(x)=e\ln x-x(x>0)$

$$f'(x)=\frac{e}{x}-1=\frac{e-x}{x}$$

令 $f'(x)=0$，解得 $x=e$。当 x 变化时，$f(x)$、$f'(x)$ 变化如表 2-1 所示：

表 2-1 函数变化表

x	$(0,e)$	e	$(e,+\infty)$
$f'(x)$	$+$	0	$-$
$f(x)$	单调递增	极大值 0	单调递减

易知，$\pi\in(e,+\infty)$，所以 $f(\pi)<f(e)=0,e\ln\pi-\pi<0$，

即 $e\ln\pi<\pi,\pi^e<e^\pi$。

由此可见，综合问题并不可怕，同学们只需不断地实践摸索，经过反复的"拆卸、组装"训练，重新建构的能力会不断提升，老师"不讲不懂，一讲就会"的现象会从根本上得到改变。

当然，重新建构原则还包括对知识点和知识网络的重新建构。这一阶段的复习不应再注重知识结构的先后次序，应该本着提出问题、分析问题、解决问题的思路，去寻找解题所需要的、有用的方法和技巧；应本着解决问题的目的，将知识进行必要的拆分、加工重组。

3. 通性通法原则

解决函数与导数问题，应切实贯彻通性通法原则。这里所说的"通性通法"是指概念所反映的数学基本性质和所蕴含的思想方法，是解决问题的根本之道。在二轮复习的关键时期，这种原则更应该得到加强。

如函数单调性的证明，既可以通过定义来解决，也可以通过导数来化解，这就是通性通法的体现。

例如，含绝对值符号问题的求解，其简捷有效的方法不外乎去绝对值符号，而去绝对值符号的方法有两种，一是零点法，二是平方法，这体现的就是通性通法。例如，求函数 $y=|x+2|+|x|+|x-1|$ 的单调递增区间，通过零点法，结合函数图象，易得到答案 $[0,+\infty)$。

二、复习的原则

1. 知识点逐一通过原则

这一阶段,在进行归纳、总结、提炼的基础上,做到原理清、思路清、方法清。为保证知识点个个过关,建议制作一个表格,通过的则打对号。

以导数的复习为例,可从以下几个方面对自己提问:导数的几何意义是什么? 如何求在 P 点处的曲线的切线方程? 如何求过 P 点的曲线的切线方程? 利用导数可以解决函数哪些问题(单调性、极值、最值、函数图象、方程实根的个数问题)? 用导数求函数单调区间的一般步骤是否已经了然于胸? 已知函数式求其单调性与已知单调区间求参数的范围,区别在哪里?

当可导函数 $f(x)$ 在 x_0 处有定义时,判别 $f(x_0)$ 是极大(小)值的方法是:① 如果在 x_0 左侧近旁有 $f'(x) > 0$,在 x_0 右侧近旁有 $f'(x) < 0$,那么 $f(x_0)$ 是极大值;② 如果在 x_0 左侧近旁有 $f'(x) < 0$,在 x_0 右侧近旁有 $f'(x) > 0$,那么 $f(x_0)$ 是极小值。

利用导数求最值的步骤:先找定义域;求导数 $f'(x)$;求方程 $f(x) = 0$ 的根 $x_1, x_2, \cdots, x_n$;计算极值及端点函数值的大小;根据上述值的大小,确定最大值与最小值。

2. 反思、回顾原则

举例来说,在最近考试的试卷中,以函数、导数为主线考过哪些题目? 这些题目考查的数学思想是什么? 常用的解题方法是什么? 题目中的隐含条件是怎样挖掘的? 曾经出现过什么样的错误? 怎样避免类似错误再次发生? 这些都是反思、回顾的内容。

3. 建立完整能力结构原则

复习的目的是提高学科思维能力,这是数学学习的核心所在。在高考中,能力的高低最直接的反映就是分数的多少。把平常的每一次考试都当作高考,从审题开始,做到一丝不苟,只有这样才能建立自己的完整能力结构。

多年以来,笔者一直坚持的做法是在正常教学进度下,针对高考中的六个解答题,分阶段集中模拟训练。训练方式不是考试,而是每日一题,且连续几日地进行。以函数导数为例,集中模拟 3～4 天,每天一个解答题,要求学生像考试一样作答,教师每次批阅后集中或个别反馈。其目的是规范解题,夯实基础,提升解题速度。现在看来,这种做法是有效的。

第四节　因时施教，培养学生自学能力

——疫情防控期间高中数学线上"学创社区"实践

庚子年初，突如其来的新冠病毒肺炎疫情打乱了全国各地各级学校的教学安排。为保证学生学习进度，学校在响应疫情防控要求的前提下，应用线上教学模式开展教育教学活动。笔者结合实际教学工作需求和自己的工作经验，从线上教学的优缺点、线上数学资源库、线上数学教学设计三个方面开展研究，在线上教学的过程中，稳步推进，有效保障了教学效果。

一、线上教学的优缺点

传统的线上教学是以班级为单位组织授课和双向互动，以录播课为主，采取"录播＋线上答疑"的形式。随着科技发展和电子设备的普及，新冠病毒肺炎疫情期间，我们主要采用"直播＋线上答疑"的线上教学模式开展数学学科的教学活动。

（一）线上教学的优点

1. 线上教学突破了时间和空间的限制

线上教学允许教师通过网络课程或录课的形式进行授课，使得课堂突破了时间的限制，同时，教学内容通过互联网进行传播，突破了空间的限制，使得学生可以在不同的时间、空间，根据个人需求有选择地进行课程的学习。在新冠病毒肺炎疫情期间，因居家隔离政策的实行，线上教学模式成了新的主流教学方式，经过检验，其教学成果也得到了师生的认可。

2. 线上教学提高了教师测评及答疑的效率

通过网络教学，教师可迅速了解测试中客观题的正确率，从而可以及时反馈学生存在的问题。同时，学生在课后练习中遇到的难题可随时通过网络拍照上传给教师，师生可通过 pad 系统完成答疑的互动交流，极大地提高了知识课后落实的效率。

3. 线上教学顺应了时代需求

线上教学模式符合当下全球化的发展趋势,加强了学校与社会各界之间的联系,同时锻炼了学生使用电子设备的能力,使学生适应时代的发展,为学生迈入社会奠定了坚实的基础。

（二） 线上教学的缺点

1. 线上教学增加了学生学习的干扰因素

线上教学实行的前提是学校和学生配备一定的电子设备,这就对学校和学生的物质基础提出了要求,更重要的是,携带电子设备如手机或平板电脑等,将产生更多外界诱惑和干扰因素,影响学生学习效率,是对学生自我管理的一项巨大挑战。

2. 线上教学影响了教师和学生书写能力的培养

从教师方面来说,线上教学减少了教师和学生书写的时间,甚至出现年轻教师不用多媒体设备就不会上课的情况。从学生方面来说,因为线上教学中的视频和资料可以反复观看不会丢失,所以导致学生更倾向于看和听,而懒于动手记,学生缺少日常书写的练习,难以了解和掌控自身答题速度,答题步骤及规范性也不够完善,容易造成卷面不够严谨而丢失步骤分。

二、线上数学资源库

数学学科线上资源库分为教师教学资源和学生学习资源两类,前者便于教师备课和终身学习,后者为学生课后自主学习提供了便利,开阔了眼界。下面将分别对教师教学资源和学生学习资源进行概述。

1. 教师教学资源

山东省青岛第二中学(以下称青岛二中)数学学科的教师通过每周集体备课、听课和研课等方式,互相学习先进的教学方法,分享优质教学资源。一方面,教师通过学科网、百度文库等方式获取教学资源,取其精华,去其糟粕,为备课提供参考和材料;另一方面,教师可以通过 MOOC、超星学习通等网站学习名师课堂,打磨自身教学技能,提升教学水平。

2. 学生学习资源

教师根据教学进度和内容选择适合学生的学习资源发布到系统中,学生根据要求自行学习。学生学习资源主要包括文档、PPT 和视频三类。文档主要是自主学习任务单、练习题和知识点总结,PPT 通常是教师上课使用的课件,视频则包括与课堂内容相关的补充知识和重点题目讲解视频等。例如学习椭圆的概念时,学生可以通过视频学习如何画一个椭圆,进而理解椭圆的定义。线上数学学习资源拓宽了课堂的广度,让数学学习不再局限于课堂,而是渗透学生生活的方方面面。

三、线上数学教学设计

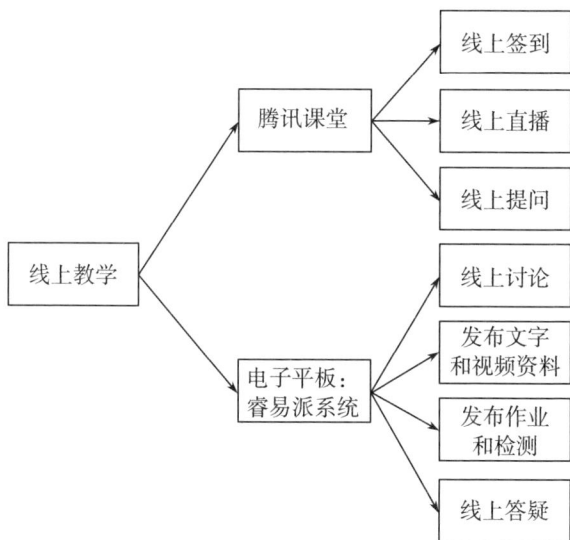

图 2-1　线上教学手段及应用

（一）课前自主学习设计

教师提前一天通过系统将预习资源发送到学生的平板电脑,主要包括课堂自主学习任务单和拓展学习资源,如在进行"对数"章节的学习时,教师发送对数的起源和自然底数 e 的来源等视频,帮助学生补充数学史的相关知识,更好地辅助教学活动。学习任务单主要包括基础数学概念和定理,可以包含课上练习题,帮助学生明确授课重点和难点,提前进行思考,节约课堂时间。同时,课堂学习任务单采用线上提交的方式,并附有明确的提交截止时间,能够及时帮助教师了解学生自学情况,调整授课内容。

（二）课堂教学设计

我校课堂时间为 40 分钟,开始授课时,教师在系统中选择"开始上课",教师系统即会自动开始录制课堂实录,将实际课堂内容完整地保存在平板电脑中,再由教师进行上传和分享,便于课后学生重温课堂重点内容,再现课堂情境。

31

在线上教学过程中，教师遵循"生学为本，师教为要，合作内化，点拨升华"的教学原则，将课堂分为自主学习任务单反馈、新知讲授和学生自主反思等几个部分，根据实际课堂需要进行灵活调整。在任务单反馈阶段，教师通常会拿出5分钟的时间解答学生在任务单里集中出现的问题，同时抓住任务单中有价值的问题引入课堂重点内容的学习。在新授课时，教师根据不同教学内容，有选择性地设计和调整课堂引入、定义理解、练习巩固、深入探究和学生自主反思等几个教学环节。数学学科的教学重点通常在于定义和概念的形成，而教学难点则包括应用定理解决问题、培养数学运算、数学建模和演绎推理等数学核心素养。因此，如果把课堂引入、定义理解和练习巩固环节比作让学生迈出完成教学重点的关键一步，那么深入探究等环节则像是要求学生迈上教学难点的台阶。因此，数学学科的新授课设计需要分课时规划，第一课时教师的侧重点在于引导学生夯实基础，第二课时的重点才是能力拔高。

针对教学重点的学习，课堂引入环节所占时长较短，但却决定了学生学习兴趣的浓厚程度，因此教师可以联系生活解决实际问题、观看数学史相关视频或模型演示等方式，引发学生思考，便于学生理解所学概念。例如在指数函数的学习过程中，教师可以利用半衰期或细胞分裂等实例引导学生建立指数模型解决问题。经由案例引入，教师实现了更为自然的课堂过渡，再结合课前学习任务单，能够更好地帮助学生理解数学概念或定理，形成关联记忆。在定义形成后，教师会立即引导学生进行概念巩固，如在幂函数的概念形成后，可以通过判断函数是否属于幂函数和求解幂函数解析式等例题，明确幂函数概念中的模糊点，同时锻炼学生对知识的应用能力。在练习过程中，教师可以当堂利用系统设置并发布问题，学生在平板上进行作答并提交答案，再由教师进行公开展示，点评典型个例，这样不仅有利于课堂内容的及时反馈，这能够帮助教师了解和纠正学生学习过程中的障碍和易错点。

在线上教学过程中，学生如有疑问可以随时通过系统向教师提出，且该提问只会出现在教师的平板电脑端，不会出现在大屏幕上影响其他学生的学习状态或延迟课堂进度，教师可根据问题与课堂内容的相关度决定答疑形式：如果问题典型且具有共性，则当堂予以解答；如果属于个例，则可利用课下时间与学生面对面沟通；如果问题比较复杂，教师可以录制答疑微视频，通过系统一对一或创建"小社区"推送给部分学生，达到精准答疑。下课后，学生可自主选择对教学课件进行翻页、回放片段等操作，及时回顾所学内容,完善课堂笔记,满足不同学生的差异化需求。

（三）　课后落实设计

1."学创社区"讨论

我校坚持致力于对"互联网＋"教学模式进行深入探究,创造性地提出了组建学生"学创社区",利用平板电脑系统,将 6～7 名学生组建成虚拟的"学创社区",并以此为单位进行合作学习,每个学生均可根据自己的学科特长担任本社区的某项学科的首席（如语文学科首席、数学学科首席）,通过答疑解问、组织设计一些特色学习活动,激发本社区学生的学科学习热情,带动小组成员共同进步。每个"学创社区"还会有各科指导老师参与,进行个性化指导及监督,及时了解学生需求。通过这种形式,为学生提供了互相交流的平台,这样不仅培养了学生的领导力,还可以极大提高学生团结合作的能力。

2.作业提交

线上教学极大增加了作业提交的灵活度,教师可通过设置答题卡的形式让学生将作业中的客观题进行平板推送,利用后台的数据处理功能,教师可清晰快捷地得到每个学生对每道题的作答情况。主观题批阅结束后,教师可将优秀作业拍照推送给每个学生,同时将课堂相关资料的电子版,包括电子试卷、电子书和视频等推送给学生自行观看,提高了学生学习及教师辅导的效率。

这种"直播＋答疑"的线上教学模式,在居家隔离期间发挥了巨大的作用,学生们紧跟教师安排的学习方案,定时定量地完成相关学习任务。同时,作为传统课堂教学模式的有效补充,它又在提高学生自主学习能力、提升教师教学效率等方面体现出其特有的价值。

第五节　追本溯源,自主项目式教学探究实践成果
——丁字路口的交通规划

对学生而言,将所学知识用于改善我们的生活,既是我们的教学目标的终极指向,又能激发学生持续学习的热情。下面,请看我们的学生学以致用

的典型成果案例。

致城市交通管理部门的一封信

——针对丁字路口交通的调整及推广

敬爱的交通管理局局长：

您好！

我们团队都是青岛的高中生，对校门前的交通堵塞头痛不已。我们从本校实际情况出发，对于我校门前的交通问题进行了调整，建立了数学模型并找到合理的方案：将左转车道移至第四列，由北向南调头和由西向东左转共用绿灯，将西向东左转和由北向南调头车辆一起放行，并增加红绿灯总周期至 134 s。此方案能够提高调头效率至 114%，具体安排如表 2-2 所列。

表 2-2　信号灯安排表

	一号灯	二号灯	三号灯	三号调头和四号合并灯
绿	49	67	60	56
红	86	64	69	78

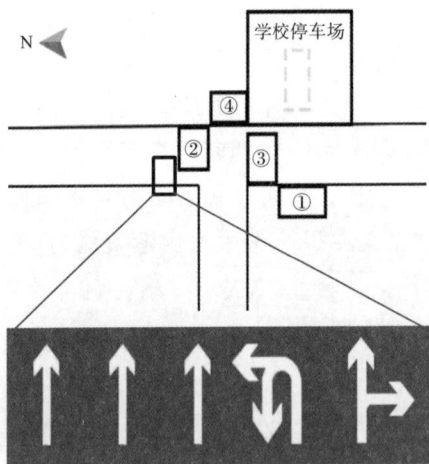

图 2-2　方案示意图

这个方案可以有效避免因一把拐不过去再倒车造成的堵塞，能够为学生提供更好的交通环境，让同学们尽早回家休息。如图 2-2 所示。

如果我们的方案见效，我们也愿意提供适用于其他丁字路口的解决方案。

本课题项目要求我们提出有价值的问题并给出解决方案，所以面对这个要求，起初我们感到有些无从下手。但是放学路上我们发现了问题，就是学校路口的拥堵情况严重。因此，我们以学校门口的丁字路口为切入点，推广至类似的"丁字路口＋路口建筑"交通系统，缓解路口拥堵问题。

（1）采集数据。我们通过互联网上的地图了解了我校门口的道路情况和红绿灯的位置，并在放学期间仔细记录各个红绿灯的时间、各个道路上的车流量以及一些其他细节。

（2）建立模型。我们对得到的数据进行仔细分析，决定使用一种创新性的措施，即将左转和调头道路转移到右转车道左边，扩大转弯半径。

（3）完善模型。我们针对这种情况制定了两个方案，逐一进行分析，分别建立并求解了模型，之后向外推广，得到了普适性结论。

（4）得出结论。在我们的不懈努力下，最终得到的方案是在改变车道之后将调头信号灯和另一条道路的左转信号灯合并，来解决我校门口的交通拥堵问题。

关键字:交通拥堵　丁字路口　左转和调头

目　录

前　言

　　我们美丽的家乡青岛近年来经济快速发展,但也出现了城市交通日益拥堵的问题。据 2018 年 9 月 2 日的《青岛早报》报道,青岛的交通拥堵程度跻身全国第九,一举超过了全国最大的城市之一——上海。

　　作为青岛人,我们都想为自己的家乡做出一份贡献,尽力解决交通拥堵的状况。于是我们建立了这个模型,从自己身边开始应用,并希望能将此模型进行推广。

1.1　问题背景

　　随着城市的高速发展,交通拥堵问题日益严重。每当我们周五放学回家,往往无法从学校门前的车山车海中"杀出重围",而家长也困于车海进退两难。经过测量,车辆完成掉头居然需要 7 分钟之久! 明明只是一个简单的丁字路口,为什么会如此混乱呢? 这引发了我们的思考。

1.2　建立标准

　　由于学校门口车流密集,车辆均以较低速行驶,故转弯、调头以及短距离直行速度可以视为相同。即假设所有在路口行驶中的车辆速度相等且保持不变;假设该区域内所有车道上的车流都是均匀且连续的;假设所有车辆从前一辆车启动到该车加速至原速度的时间相等且恒定。根据我国《交通法》,通常右转车辆不受红绿灯控制,故在我们的模型中没有考虑右转车辆。

1.3　定义变量

　　若某一路口呈"丁"字形,则定义如下全局变量:
该丁字路口所有红绿灯循环一次的时间为 T;
横向从左至右直行的总车流量为 $H1$;
横向从右至左直行的总车流量为 $H2$;
横向从左至右左转和调头总车流量 $H3$,绿灯时长为 X;
纵向从下至上左转总车流量为 $H4$;
车辆从前一辆车启动到该车加速至原速度的时间 $S \approx 1$;(在此过程内,

36

我们设车的位移是 0；变量 C 相同)

车辆由两车道汇成一车道时所需的让车时间 $C \approx 2$；

所有行驶车辆的平均速度 V(m/s)。

模型(一)变量：一次绿灯可以通过车辆数目 n。

模型(二)变量：路口转弯曲线上最多能容纳的车辆数目 k[①]；

汽车转弯中经过的路程长度 L；

$H3, H4$ 中的最小值 Q；

$H3, H4$ 中的最大值 P；

$(P-Q)$ 辆车中有车辆在一次绿灯中通过路口的数目 $A(A \geqslant k)$。

2.1 统计数据

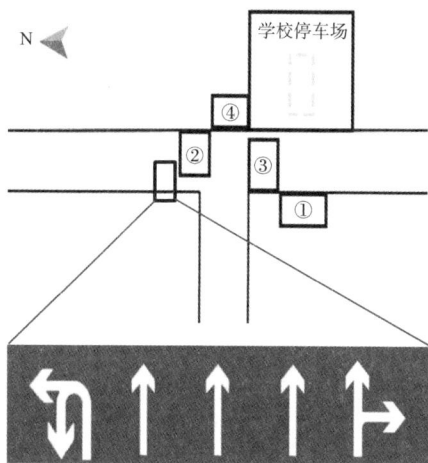

图 2-3 方案示意图

我们学校门口的路况和车道分布如图 2-3 所示(①～④为红绿灯)。

现实情况如下(以下数据是实地记录的结果，原始数据请见附录)：

①号灯指挥停车场内车辆出入，每周期 121 s，绿灯 35 s，红灯 86 s；

②号灯指挥由南向北车辆的直行，每周期 117 s，绿灯 67 s，红灯 50 s；

③号灯指挥由北向南车辆直行的信号灯周期 115 s，绿灯 60 s，红灯 55 s；指挥左转和掉头的信号灯周期 113 s，绿灯 13 s，红灯 100 s；

④号灯指挥由西向东车辆左转的信号灯周期 115 s，绿灯 29 s，红灯 86 s。

取总周期 T 约为 120 s；

道路限速 40 km/h；

---

① 容纳车辆数目 k：本报告认为已经进入路口的 k 辆车无论红绿灯都可以继续通行。

由北向南车道宽度 2 m，共 5 道；

由南向北车道宽度 2.5 m，共 4 道；

由西向东车道宽度 2.5 m，共 2 道；

由北向南直行总车流量 $H1=54$；

由南向北直行总车流量 $H2=46$；

由北向南左转和调头总车流量 $H3=6$；

由西向东左转总车流量 $H4=14$。

2.2 建立模型

每辆车长度约为 4.5 m，两辆车间隔约为 0.5 m。由于从东向西方向上没有积车，所以每次绿灯通过的车辆数目等于总车流量 $H4$，我们可以由此算出这 $H4$ 中最后一辆车的平均速度。根据假设，该问题中所有行驶车辆 $V=2.76(\text{m/s})$。

第十辆车调头所需平均时间为 423 s，那么我们可以算出，每次绿灯可以通过的调头车辆数为 $10/(423/T)\approx 2.8$。

经过观察我们发现，造成学校门前拥挤的原因主要有以下几点。

（1）学生放学高峰期由南向北车道停放的车辆通常会占用 1～2 条车道。

（2）由北向南左转和调头的车辆数目会比平时有所增加，并且由于停车挤占道路，调头车辆不能一次性转过去，需要 1～2 次倒车调整，所需时间长。同时，左转信号灯绿灯短，导致左转车道积车。

由于路口拥堵主要由左转和调头车辆引起，直行和右转对交通影响不大，所以我们主要从此处入手进行改进。查阅资料可知，家用汽车转弯半径约为 5 m。由南向北共四车道，每条车道宽 2.5 m；由北向南共五车道，每条车道宽 2 m，而学生家长又占用了路边的两条车道，所以调头的汽车只有一两个车道的调整空间。为了保证调头车辆能够一次性完成调头、提高调头效率，我们想到可以调整从北到南的车道，方案如图 2-4 所示。

图 2-4　信号灯调整示意图

但是我们发现一个关键的问题，由于左转的信号灯的绿灯时间包括在直行的信号灯的绿灯时间之中，这样左转与调头的车辆会阻碍直行的车辆。为了保证直行车辆不受太大影响，我们也要适当改变红绿灯的配置时间。此时调头和由西向东左转可以同时进行，也可以分开进行。于是，我们就建立了以下两种红绿灯调整模型。

模型（一）：增加总周期 T，为左转和调头单独设置一个绿灯，并设计左转等待区，让由西向东左转和调头分别进行，如图 2-5 所示。

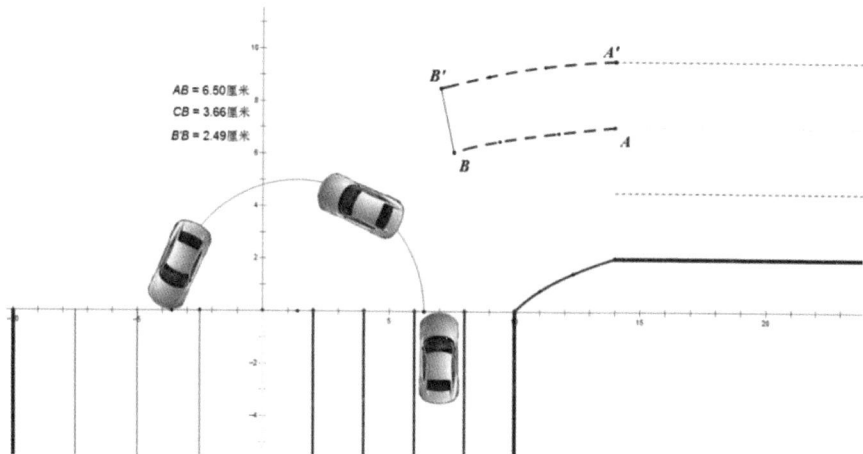

图 2-5　模型（一）示意图

在不影响调头车辆的情况下，本模型设置了左转等待区。由北向南停止直行，左转的车可提前进入红灯等候区，以达到节约时间的目的。

根据左转停车等候区提前的长度，我们可以酌情减少左转所需的绿灯时间：

红灯等候区长度增长可减少左转所需的时间，可计算出左转绿灯时长

$$= \frac{12 - \sqrt{36 - 25 + 70}}{v}。$$

由此，可以计算出左转绿灯的时长约为 27 s。

东西方向绿灯时间为 29 s，北南方向绿灯时间为 13 s，由于该方案是两方向同时进行调整，所以两方向的绿灯时间为原来的时间和，则调整后调头的绿灯时间 $X = 29 + 13 - 27 = 15$ s。又因为调换过调头车道后直行时间减少了 15 s，所以需为其增加 15 s 的绿灯时间，则调整后总周期 $T = 120 + 15 = 135$ s。

第 n 辆车需等待 $(n-1) \cdot S$ 秒，加上调头所需的时间即为此次绿灯的时间。

因此可以得出如下等式：$(n-1) \cdot S \cdot \dfrac{5\pi+5n}{V}=x$。

将数据代入，可得出解为 $n \approx 4$。则改变车道后每次绿灯可通过四辆车。

显然，$4>2.8$，所以本模型能够较显著地缓解交通拥堵。提高比例 $\dfrac{4-2.8}{2.8} \approx 42\%$。

模型（二）：合并从北到南的左转和调头信号与从西向东的左转信号并进行调整。

如图 2-6 所示，我们将从南到北方向的调头车辆的运动路线视为一个半圆，经过前面的计算得出半圆的弧长为 5π。经过大量观察我们发现，从西向东左转车辆的运动路线可以近似用一段直线和一段曲线来描述，与半圆相切后大致沿半圆（即为调头车辆的运动路线）运动，我们把这段路线叫作"并轨"。

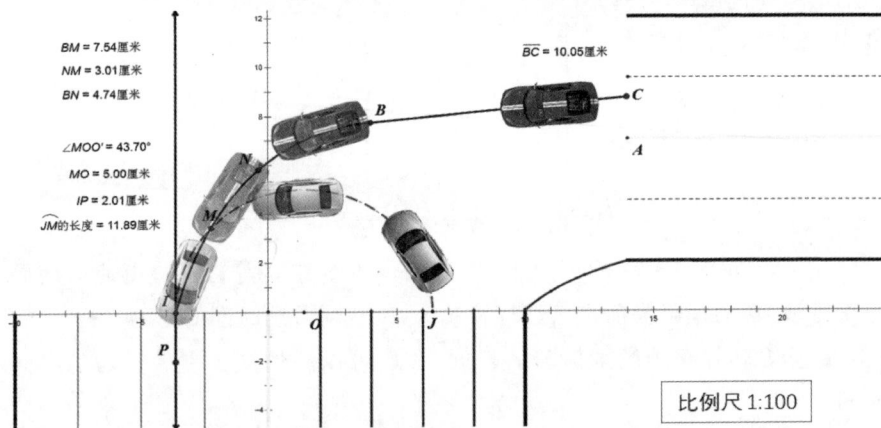

图 2-6　模型（二）示意图

如图 2-6 所示，从西向东左转车辆直线运动距离为 10 m。曲线部分用线段 MN 和 BN 拟合，得到曲线长约 8 m。由车辆速度为 V，得时间为 $\dfrac{18}{V}$。当由西向东第一辆左转车辆运动到与半圆相切时，第一个调头车辆已经运动 18 m，完成了调头。如图 2-6 所示，得弧 $JM \approx \dfrac{136.3}{180}\pi \approx 12$ m，则有 $\dfrac{18-12}{4.5+0.5}=1.2$，向下取整得 1，即 1 辆车不参与汇车。

　　当第一辆车完成调头时，紧接着第一辆从西向东的左转车辆汇入并轨。我们假设从西向东左转车辆和调头车辆依次进入并轨，整个过程较为有序。接下来，第二辆调头的车进入并轨，然后第二辆从西向东左转车辆进入并轨，以此类推。那么，会有 $2Q-1$ 辆车参与汇流。由于车身有较大长度，我们不能忽略，因此后一辆车进入并轨的条件是建立在前一辆车前进 5 m 的基础上。

　　由于每辆汽车进入时会出现滞留时间 C，存在汇流的车需要 $\left[\dfrac{18}{V}+\left(C+\dfrac{5}{V}\right)(2Q-1)\right]$ 时间完成转弯或调头进入直行车道，后面不汇流的车有 $(P-Q)$ 辆。

　　我们可以近似地认为 $5(A-4)$ 表示第 A 辆车进入路口前的路程（$A\geqslant 3$)，则可得以下不等式：

$$x\geqslant\left[\dfrac{18}{V}+\left(C+\dfrac{5}{V}\right)(2Q-1)\right]+\dfrac{5(A-4)}{V}$$

我们来带入情景检验一下：

$X=29+13=42$ s。

　　当 $V=2.76,C=2,Q=6$ 时，解出 $A\approx 0.5$，此时有 8 辆从西向东的车滞留，显然不合理；

　　当 $A=14-6=8,V=2.76,C=2,Q=6$ 时，解出 $X=56$，所以绿灯需要延长 14 s。

　　由此可以看出，在延长左转和调头周期绿灯 15 s 后，调头的车流量 $H4$ 可以全部通过。提高比例为 $\dfrac{6-2.8}{2.8}\approx 114\%$。

　　综上，在我们学校门前的具体案例中，模型（二）在此场景中更为优化。

2.3　推广模型

　　在现实生活中，类似于我们学校门口的"丁字形路口＋路口处建筑"的布置分布广泛，很多学校、商场门前的交通状况与我们校门口如出一辙。那么我们是不是可以将这个模型加以推广呢？

　　两个模型统一的一点是需要将左转和调头车道改到右转车道旁。将如上模型的具体数字替换为字母，那么最终两个模型能够分别推出如下通项公式：

模型（一）：$(n-1) \cdot S + \dfrac{(l_{车距} + l_{车长})(\pi + n)}{V} = x$；

模型（二）：$x \geqslant \left[\dfrac{L}{V} + \left(C + \dfrac{l_{车距} + l_{车长}}{V} \right)(2Q-1) \right] + \dfrac{(l_{车距} + l_{车长})(A-k)}{V}$。

2.4 检验模型

模型（一）：我们取 $V=2.5$，$S=1$，$l_{车距} + l_{车长} = 5$ 代入 X 和 $(X+6)$，得解为 $\Delta n = 2$。比较符合实际情况。

使 $S = 1 \pm 0.1$，其他不变，发现不会对 n 取整后的值产生太大影响。说明模型较为稳定，普适性好。

模型（二）：把 V，L，C，$l_{车距} + l_{车长} = 5$，k，A 看作定量，那么该模型中 X_{min} 和 Q 呈线性关系。两方向车流量同时增大时，必须延长绿灯时间。其中，该函数图像斜率等于 $2\left(C + \dfrac{l_{车距} + l_{车长}}{V} \right) \approx 8$。由于斜率较大，所以此方案不适用于转弯和调头车辆很多的情况。

3.1 优缺点分析

（一）优点

（1）该模型进行了多次计算和比较，且数据基本上都是实际数据，结论可靠性较高。

（2）该模型贴近实际，解决的是实际问题，具有现实意义。

（3）该模型可用于多处道路的建设，具有广泛性。

（4）该模型的变量易于收集和整理，便于使用。

（5）经检验，该模型稳定性较好。

（二）缺点

（1）该模型未考虑总周期加长带来的影响，需进行进一步研究。

（2）该模型未能考虑其他情况（如天气、施工等）对行车速度的影响，亦需进一步研究。

3.2 反思与感悟

拿到题目后，我们很高兴，因为我们将要面对和解决的问题是生活中真实存在的问题。经过讨论，我们很快就决定了研究方向，并迅速开始了数据收集工作。采集完数据之后，我们对其进行分析，又对问题进行了合理简化，构想出了初步思路。接下来的十几个小时我们各司其职、埋头苦干，但也不忘互通有无、整合思路。期间我们曾吵得不可开交，几次无所适从，完全不知道如何进行下去，甚至想过要放弃。但是，凭借着信念与相互鼓励，我们坚持到了最后。事实证明，我们是最棒的！

参考文献及其他工具

上海市中学生数学知识应用竞赛委员会. 高中应用数学选讲.［M］.上海：复旦大学出版社，2008.

汽车转弯半径、车道宽度、车辆长度的数据来源于百度。

校门口的各项数据来源于多次测量取得的平均值。

制图软件：Photoshop、几何画板。

附　录

交通问题是一个很复杂的实际问题，实际问题的解决离不开实地调研。我们团队在所研究路口调查记录，收集到如下信息。

1 号：绿：35 红：86　绿灯比例：0.29　周期：121

2 号：绿：67 红：50　绿灯比例：0.57　周期：117

3 号直行：绿：60 红：55　绿灯比例：0.52　周期：115

3 号左转：绿：13 红：100　绿灯比例：0.12　周期：113

4 号：绿：29 红：86　绿灯比例：0.25　周期：115

第 10 辆车掉头等待时间：431 s　441 s　415 s　429 s　398 s

从南到北单车道一次绿灯通过车的数量：31　26　23

从北到南一次绿灯单车道通过车的数量：27　20　22　26

由西向东左转一次绿灯单车道通过车的数量：11　16　14

由北向南左转一次绿灯通过车的数量：3　3　4　2　4

进入红绿灯路口的车道宽度：2 m

第三章　深度学习,实践自主课堂

第一节　直击提升高考评价体系中的关键能力的教学研究

——利用导数研究函数的零点

导数是高考考察的重点与难点,其在函数中的应用一直是高考出题者青睐的考点。导数在函数中的应用分布在选择题、填空题以及解答题中,难度相对较大。其中,利用导数求函数的零点,特别是利用导数求含参的函数零点问题常常会在试题中占据压轴的位置。而在解答此类问题时,往往需要对问题中所涉及的函数进行深入的分析处理,其中不乏求导运算、参数分离、分类讨论、数形结合等,利用导数在函数中的基本应用思路来解决复杂的问题。

本部分内容重点考查学生逻辑是否清晰明了、推理是否严谨有序、表达是否精确凝练,对学生的数学抽象、数学运算和逻辑推理的核心素养有较高的要求。在设计本课题教学时,教师需要充分挖掘利用导数探索函数零点问题在历年高考题中的考察形式与解题思路,提取基本的思想方法,初步构建利用导数研究函数零点的方法体系。

一、教学分析

(1) 教学任务:分析总结利用导数研究函数零点的基本方法。

（2）教学目标：理解并掌握利用导数求函数的零点问题的三种基本方法：分离参数法、含参讨论法、分离函数法，并学会运用此方法解决一系列函数的零点问题。

（3）教学重点：分离参数法、含参讨论法、分离函数法在函数零点问题中的应用思路。

（4）教学难点：分离参数法、含参讨论法在不同含参求零点问题里的灵活运用。

（5）教学策略：以方法为明线，以思想为暗线，建立解决零点问题的方法体系，注意区分具体函数与含参函数的教学。

二、教学过程

（一）自主学习任务单反馈

引例：已知函数 $f(x)=\ln x-ax+1$，讨论 $f(x)$ 零点的个数（请尝试用多种方法解决）。

1）学生解法 1 展示：分离参数法

解：由题意知，函数的定义域为 $(0,+\infty)$。令 $f(x)=\ln x-ax+1=0$，则 $a=\dfrac{\ln x+1}{x}$。

设 $g(x)=\dfrac{\ln x+1}{x}$，则 $g'(x)=-\dfrac{\ln x}{x^2}$。当 $x\in(0,1)$ 时，$g'(x)>0$，所以 $g(x)$ 在 $(0,1)$ 上单调递增；

当 $x\in(1,+\infty)$ 时，$g'(x)<0$，所以 $g(x)$ 在 $(1,+\infty)$ 上单调递减。所以 $g(x)$ 的极大值为 $g(1)=1$，且当 $x\to0$ 时，$g(x)\to-\infty$，当 $x\to+\infty$ 时，$g(x)\to0$。令 $h(x)=a$，

（1）当 $a>1$ 时，$h(x)=a$ 与 $g(x)$ 没有交点，此时 $f(x)$ 在定义域上没有零点。

（2）当 $a=1$ 或 $a\leqslant0$ 时，$h(x)=a$ 与 $g(x)$ 有 1 个交点，此时 $f(x)$ 在定义域上有 1 个零点。

（3）当 $0<a<1$ 时，$h(x)=a$ 与 $g(x)$ 有 2 个交点，此时在定义域上有 2 个零点。

综上所述，当 $a>1$ 时，$f(x)$ 在定义域上没有零点；当 $a=1$ 或 $a\leqslant0$ 时，

$f(x)$ 在定义域上有 1 个零点；当 $0<a<1$ 时，$f(x)$ 在定义域上有 2 个零点。

教师点评：含参数的函数零点问题，若将参数进行分离，则可以使得一个不确定的函数转化成为一个确定的函数，可以有效地回避对参数的讨论，使题目的解法更加简单。

2）学生解法 2 展示：含参讨论法

解：由题意得 $f'(x)=\dfrac{1}{x}-a=\dfrac{1-ax}{x}(x>0)$

当 $a\leqslant 0$ 时，$f'(x)>0$，所以 $f(x)$ 在 $(0,+\infty)$ 上单调递增，故当 $x\to 0$ 时，$f(x)\to-\infty$，而 $f(1)=1-a>0$，所以根据零点存在性定理知，$f(x)$ 在 $(0,+\infty)$ 上有个零点。

当 $a>0$ 时，令 $f'(x)=0$，则 $x=\dfrac{1}{a}$。所以 $f(x)$ 在 $\left(0,\dfrac{1}{a}\right)$ 上单调递增，在 $\left(\dfrac{1}{a},+\infty\right)$ 上单调递减。

所以 $f(x)$ 的极大值为 $f\left(\dfrac{1}{a}\right)=\ln\dfrac{1}{a}$。

$\ln\dfrac{1}{a}<0$，即 $a>1$ 时，$f(x)$ 没有零点；

（1）若 $\ln\dfrac{1}{a}=0$，即 $a=1$ 时，$f(x)$ 在 $(0,+\infty)$ 上有一个零点。

（2）若 $\ln\dfrac{1}{a}>0$，即 $0<a<1$ 时，可得 $f\left(\dfrac{1}{e}\right)=\ln\dfrac{1}{e}-\dfrac{a}{e}+1=-\dfrac{a}{e}<0$

且 $f\left(\dfrac{1}{a^2}\right)=-2\ln a-\dfrac{1}{a}+1<0$，所以根据零点存在性定理知，$f(x)$ 在 $(0,+\infty)$ 上有 2 个零点。

教师点评：零点存在性定理与零点存在问题密切相关，是直接判定零点是否存在的有力工具，但并不能判定零点的个数，所以需要结合函数的单调性、极值以及函数的图象等进行进一步探究，该方法的难点是关于参数分类讨论以及根据函数解析式结构特征"猜点"，运用该方法可培养并提升学生的直观想象和逻辑推理等数学素养。

3）学生解法 3 展示：分离函数法

解：令 $\ln x - ax + 1 = 0$，移项可得：$\ln x = ax - 1$。

令 $g(x) = \ln x$，$h(x) = ax - 1$，则讨论 $f(x)$ 的零点个数本质上是讨论 $g(x)$ 与 $h(x)$ 的图象的交点个数，绘制 $g(x)$ 与 $h(x)$ 图象可得：$h(x)$ 图象是恒过 $(0, -1)$ 点的直线，当 $h(x)$ 图象与 $g(x)$ 相切时，此时 $a = 1$，

所以当 $a > 1$ 时，$g(x)$ 图象与 $h(x)$ 图象没有交点，当 $a = 1$ 时，$g(x)$ 图象与 $h(x)$ 图象有 1 个交点；

当 $0 < a < 1$ 时，$g(x)$ 图象与 $h(x)$ 图象有 2 个交点，当 $a \leqslant 0$ 时，$g(x)$ 图象与 $h(x)$ 图象有 1 个交点。

教师点评：含参的函数零点问题，若可以将 $f(x) = 0$ 转化成关于两个函数 $g(x), h(x)$ 的等式，则可将 $f(x) = 0$ 求零点问题转化成两个函数 $g(x)$ 与 $h(x)$ 的交点问题，根据两函数图象、单调性、极值和最值等性质，讨论函数图象交点个数，此方法较好地体现了数形结合思想在解决函数零点问题中的应用，可以进一步培养学生的逻辑推理和直观想象等核心素养。

设计意图：通过课前自主学习任务单，将一道经典的含参函数零点问题提前交给学生。通过一题多解，利用学生在该题目中延伸出的思路方法构建本节课的方法体系，培养学生自主分析问题和解决问题的能力。

（二） 典型例题

例 1：设函数 $f(x) = e^{2x} - a \ln x$，讨论 $f(x)$ 的导函数 $f'(x)$ 的零点的个数。

解：该函数的定义域为 $(0, +\infty)$，$f'(x) = 2e^{2x} - \dfrac{a}{x}$。则 $f'(x)$ 的零点个数即 $2x e^{2x} = a$ 在 $(0, +\infty)$ 上根的个数。设 $g(x) = 2x e^{2x}$，则 $g'(x) = 2(2x + 1)e^{2x}$，因为 $x > 0$，所以 $g'(x) > 0$，所以 $g(x)$ 在 $(0, +\infty)$ 上单调递增。又因为 $g(0) = 0$，当 $x \to +\infty$ 时，$g(x) \to +\infty$，所以当 $a \leqslant 0$ 时，$f'(x)$ 的零点的个数为 0，当 $a > 0$ 时，$f'(x)$ 的零点的个数为 1。

设计意图：通过典型例题剖析，让学生灵活掌握解决含参函数零点问题的三种常用解法，并学会对三种解法的进行优先级选择。分离参数法是解决含参函数问题的基本方法。分离参数后，可将原函数转化为一个具体的新函数，该函数的图象和性质确定，从而使该解法能够回避分类讨论过程中不全、重复等易错点，所以如果参数易于分离，建议学生优先考虑此法。

例 2：已知函数 $f(x)=a\mathrm{e}^{2x}+(a-2)\mathrm{e}^x-x$，

(1) 讨论 $f(x)$ 的单调性。

(2) 若 $f(x)$ 有两个零点，求 a 的取值范围。

解：1) 由题意知，$f(x)$ 的定义域为 $(-\infty,+\infty)$，$f'(x)=2a\mathrm{e}^{2x}+(a-2)\mathrm{e}^x-1=(a\mathrm{e}^x-1)(2\mathrm{e}^x+1)$

(1) 若 $a\leqslant 0$，则 $f'(x)<0$，所以 $f(x)$ 在 $(-\infty,+\infty)$ 单调递减。

(2) 若 $a>0$，则由 $f'(x)=0$ 得 $x=-\ln a$。当 $x\in(-\infty,-\ln a)$ 时，$f'(x)<0$；当 $x\in(-\ln a,+\infty)$ 时，$f'(x)>0$，所以 $f(x)$ 在 $(-\infty,-\ln a)$ 单调递减，在 $(-\ln a,+\infty)$ 单调递增。

2) 若 $a\leqslant 0$，由 (1) 知，$f(x)$ 至多有一个零点

若 $a>0$，由 (1) 知，当 $x=-\ln a$ 时，$f(x)$ 取得最小值，最小值为 $f(-\ln a)=1-\dfrac{1}{a}+\ln a$。

(1) 当 $a=1$ 时，由于 $f(-\ln a)=0$，故 $f(x)$ 只有一个零点。

(2) 当 $a\in(1,+\infty)$ 时，由于 $1-\dfrac{1}{a}+\ln a>0$，即 $f(-\ln a)>0$，故 $f(x)$ 没有零点；

$a\in(0,1)$ 时，$1-\dfrac{1}{a}+\ln a<0$，即 $f(-\ln a)<0$。

又 $f(-2)=a\mathrm{e}^{-4}+(a-2)\mathrm{e}^{-2}+2>-2\mathrm{e}^{-2}+2>0$，故 $f(x)$ 在 $(-\infty,-\ln a)$ 有一个零点。设正整数 n_0 满足 $n_0>\ln\left(\dfrac{3}{a}-1\right)$，

则 $f(n_0)=\mathrm{e}^{n_0}(a\mathrm{e}^{n_0}+a-2)-n_0>\mathrm{e}^{n_0}-n_0>2^{n_0}-n_0>0$。

由于 $\ln\left(\dfrac{3}{a}-1\right)>-\ln a$，因此 $f(x)$ 在 $(-\ln a,+\infty)$ 有一个零点。

综上所述，a 的取值范围为 $(0,1)$。

设计意图：第(2)问的解决，学生会首选分离参数的方法，将代数式变为 $a=\dfrac{x+2\mathrm{e}^x}{\mathrm{e}^{2x}+2\mathrm{e}^x}$，设 $g(x)=\dfrac{x+2\mathrm{e}^x}{\mathrm{e}^{2x}+2\mathrm{e}^x}$，将问题转化为判断 $y=a$ 与 $y=g(x)$ 的两个图象交点时 a 的取值范围。然而这种看似非常顺畅的方法，却有一个致命的缺点，即导函数有些复杂，计算量较大，非常考验学生的计算能力。同时，根据一轮复习的学习经验，学生还会遇到某些函数中的参数是无法直接

分离的,那么在这种情况下,我们则可以采用含参讨论的方法解决问题。

例 3:讨论关于 x 的方程 $\dfrac{\ln x}{x}=x^2-2ex+m$ 的根的个数。

解:令 $f_1(x)=\dfrac{\ln x}{x}$,$f_2(x)=x^2-2ex+m$,则 $f'_1(x)=\dfrac{1-\ln x}{x^2}$。

当 $x\in(0,e)$ 时,$f'_1(x)>0$,所以 $f(x)$ 在 $(0,e)$ 上单调递增;

当 $x\in(e,+\infty)$ 时,$f'_1(x)<0$,所以 $f(x)$ 在 $(e,+\infty)$ 上单调递减。

所以当 $x=e$ 时,$f_1(x)$ 取到最大值为 $f_1(e)=\dfrac{1}{e}$。而 $f_2(x)=(x-e)^2+m-e^2$,所以当 $x=e$ 时,$f_2(x)$ 取到最小值为 $f_2(e)=m-e^2$。所以当 $m-e^2>\dfrac{1}{e}$,即 $m>\dfrac{1}{e}+e^2$ 时,方程无解。

当 $m-e^2=\dfrac{1}{e}$,即 $m=\dfrac{1}{e}+e^2$ 时,方程有一个根;当 $m-e^2<\dfrac{1}{e}$,即 $m<\dfrac{1}{e}+e^2$ 时,方程有两个根。

设计意图:此题用前面两种解法均解决不了。函数零点问题的解题策略三是将其转化为两个函数图象的交点,其中最为常见的是一直一曲结构(也可是双曲结构)。对于这种解法而言,直线与曲线相切时的 a 值往往是我们寻求的那个重要的分界值。但是,因为函数零点问题对函数图象说明的要求很高,必须说清楚两个趋势的情况,才能得到最终的答案。此法一般在选择题和填空题中使用,在解答题中不太容易进行说明。

三、教学设计思考

1. 自主学习任务单的设计

自主学习任务单是每节课前教师布置给学生的学习任务,包括本节课的基本知识梳理、典型题目求解、方法提炼总结等环节,教师可通过该环节检查学生在一轮复习后某知识点掌握是否扎实、题目的通性通法使用是否恰当,在解题过程中还有哪些难点环节亟须突破提升。在充分掌握学情后,教师便可有针对性地进行课堂教学设计。例如本节课任务单中的引例,教师发现学生是能够想到并使用解决含参问题的三种常用方法的,但是优先考虑哪种解法,每种解法的难点和易错点的处理方式并不是很到位,所以,从学生暴露的问题出发，引导学生进一步探究，梳理出系统的解题策略，为学生后续分析问题和解决问题储备经验。

2. 例题题目的设计

三个例题不是简单地给出三种解法，而是通过精选例题让学生学会对三种方法进行优先级的选择。如果能够分离参数，优先考虑分离参数法，比如例1。有时会碰到分参后求导较为复杂的情况，甚至还会遇到某些题目的参数是难以分离的，这种情况下就需要及时调整解题策略，进行含参讨论，例2便是这种题目的代表。如果上述两种方法都不好解决或者原函数易于分解成两个熟悉的函数，我们就会选择分离函数法，也就是例3。当然，这种方法在解答题中不太好说明，所以一般用于选择题和填空题。例题的层层递进能够让学生在解决中充分认识问题，并学会分析问题和解决问题，提升高考评价体系中的关键能力。

四、应用训练

(1) 若函数 $f(x)=x^2 e^x-\dfrac{1}{2}ax-a\ln x$ 有 2 个零点，则实数 a 的取值范围是（　　）。

　A. $(0,e)$　　　　B. $(0,2e)$　　　　C. $(e,+\infty)$　　　　D. $(2e,+\infty)$

答案：D

(2) 设 $m\in N$，若函数 $f(x)=2x-m\sqrt{10-x}+10$ 存在整数零点，则符合条件的 m 的个数为（　　）。

　A. 2　　　　　　B. 3　　　　　　C. 4　　　　　　D. 5

答案：C

(3) 若函数 $f(x)=e^x-ax^2$ 有三个不同的零点，则实数 a 的取值范围是（　　）。

　A. $\left(\dfrac{e^2}{4},+\infty\right)$　B. $\left(\dfrac{e}{2},+\infty\right)$　C. $\left(1,\dfrac{e^2}{4}\right)$　　　　D. $\left(1,\dfrac{e}{2}\right)$

答案：A

第二节　有效构建情景迁移,触类旁通的教学研究
——导数与函数单调性

　　函数与导数是高中数学重要的知识板块,是高考考察的重要内容。一道好的导数题目,不仅可以考察学生的基础知识及基本运算,还可通过解题过程体现出学生对高中数学思想方法的认知程度及转化化归能力。因此在平日的教学中,笔者不断给学生渗透这样一种思维:解决函数与导数问题的过程,其实是一个对问题再认知的过程。这一过程需将综合性较强或不熟悉的问题重新进行建构,转化成若干个熟悉的小问题进行解答,而二次函数就是其中非常重要的一个模型。在"导数与函数单调性"的教学过程中,笔者做出如下设计内容。

一、把握起点,实现数学"最近发展区"的有效建构

例1:找出函数 $f(x)=x^3-4x^2+x-1$ 的单调区间。

解: $f'(x)=3x^2-8x+1$,

令 $3x^2-8x+1>0$,解此不等式,得 $x<\dfrac{4-\sqrt{13}}{3}$ 或 $x>\dfrac{4+\sqrt{13}}{3}$。

因此,函数的增区间为 $\left(-\infty,\dfrac{4-\sqrt{13}}{3}\right)$ 和 $\left(\dfrac{4+\sqrt{13}}{3},+\infty\right)$;

令 $3x^2-8x+1<0$,解此不等式,得 $\dfrac{4-\sqrt{13}}{3}<x<\dfrac{4+\sqrt{13}}{3}$。

因此,函数的减区间为 $\left(\dfrac{4-\sqrt{13}}{3},\dfrac{4+\sqrt{13}}{3}\right)$。

设计意图:在新授课阶段,教师务必要求学生把教材中的基础知识、基本技能掌握牢固。教学中,要组织学生开展建构"最近发展区"所必需的实验、操作等活动。此题为课本例题,难度较低。三次函数经过求导之后便产

生二次函数,学生很容易判断出求三次函数的单调性问题已经转化为解二次不等式问题。

二、注重知识的"生长点"与"延伸点",引导学生感受数学的整体性

例 2:若函数 $f(x)=x+\dfrac{2}{x}+\ln x$,求函数的单调区间。

解:定义域为$(0,+\infty)$,

$$f'(x)=1-\frac{2}{x^2}+\frac{1}{x}=\frac{x^2+x-2}{x^2}=\frac{(x+2)(x-1)}{x^2}。$$

当 $0<x<1$ 时,$f'(x)<0$;当 $x>1$ 时,$f'(x)>0$。

所以,$f(x)$的单调递减区间为$(0,1)$,单调递增区间为$(1,+\infty)$。

设计意图:该函数并不是二次函数,但是求完导函数后,题目已很自然地转化为分子中的二次函数问题。所以,原函数是不是三次函数已不重要,重要的是要引导学生发现导函数中二次函数的"身影"。

变式 1:若函数 $f(x)=x+\dfrac{a}{x}+\ln x$,求函数的单调区间。

解:定义域为$(0,+\infty)$,

$$f'(x)=1-\frac{a}{x^2}+\frac{1}{x}=\frac{x^2+x-a}{x^2}。$$

(1) 当 $1+4a\leqslant0$,即 $a\leqslant-\dfrac{1}{4}$ 时,$f'(x)\geqslant0$,函数的增区间为$(0,+\infty)$,无减区间。

(2) 当 $1+4a>0$,即 $a>-\dfrac{1}{4}$ 时,

设 $g(x)=x^2+x-a$,令 $g(x)=0$,得 $x_1=\dfrac{-1-\sqrt{1+4a}}{2}$(舍),$x_2=\dfrac{-1+\sqrt{1+4a}}{2}$。

当 $x_2\leqslant0$,即 $-\dfrac{1}{4}<a\leqslant0$ 时,$f'(x)>0$ 函数的增区间为$(0,+\infty)$,无减区间。

当 $x_2>0$,即 $a>0$ 时,$f(x)$的递减区间是$(0,x_2)$,递增区间是$(x_2,+\infty)$。

综上，当 $a \leqslant 0$ 时，函数 $f(x)$ 递增区间是 $(0, +\infty)$，无减区间；

当 $a > 0$ 时，函数 $f(x)$ 递增区间是 $(x_2, +\infty)$，递减区间是 $(0, x_2)$。

变式 2：若函数 $f(x) = ax + \dfrac{2}{x} + (2-a)\ln x, a \leqslant 0$，求函数的单调区间。

解：定义域为 $(0, +\infty)$，

$$f'(x) = a - \frac{2}{x^2} + \frac{2-a}{x} = \frac{ax^2 + (2-a)x - 2}{x^2}。$$

1）当 $a = 0$ 时，$f'(x) = \dfrac{2(x-1)}{x^2}$

令 $f'(x) > 0$，函数的增区间为 $(1, +\infty)$；

令 $f'(x) < 0$，函数的减区间为 $(0, 1)$。

2）当 $a < 0$ 时，$f'(x) = \dfrac{a(x-1)\left(x + \dfrac{2}{a}\right)}{x^2}$

（1）当 $a < -2$ 时，即 $-\dfrac{2}{a} < 1$，

$f(x)$ 的增区间是 $\left(-\dfrac{2}{a}, 1\right)$，减区间是 $\left(0, -\dfrac{2}{a}\right), (1, +\infty)$。

（2）当 $a = -2$ 时，即 $-\dfrac{2}{a} = 1$，

$f'(x) \leqslant 0$，函数的减区间为 $(0, +\infty)$，无增区间。

（3）当 $-2 < a < 0$ 时，即 $-\dfrac{2}{a} > 1$，

$f(x)$ 增区间是 $\left(1, -\dfrac{2}{a}\right)$，减区间是 $(0, 1), \left(-\dfrac{2}{a}, +\infty\right)$。

综上所述，当 $a = 0$ 时，函数的增区间为 $(1, +\infty)$，减区间为 $(0, 1)$；

当 $-2 < a < 0$ 时，函数增区间是 $\left(1, -\dfrac{2}{a}\right)$，减区间是 $(0, 1), \left(-\dfrac{2}{a}, +\infty\right)$；

当 $a = -2$ 时，函数的减区间为 $(0, +\infty)$，无增区间；

当 $a < -2$ 时，函数增区间是 $\left(-\dfrac{2}{a}, 1\right)$，减区间是 $\left(0, -\dfrac{2}{a}\right), (1, +\infty)$。

设计意图：创设变式训练，引入含参数讨论题型。通过不断辨析参数的位置变化而生成的讨论标准的变化，让学生深刻体会分类讨论的标准是根

据题目需要，顺其自然而产生的。

变式 3：若函数 $f(x)=x-\dfrac{2}{x}+a\ln x$ 在 $[1,+\infty)$ 上为增函数，求 a 的取值范围。

解法一：定义域为 $(0,+\infty)$，

$$f'(x)=1+\frac{2}{x^2}+\frac{a}{x}=\frac{x^2+ax+2}{x^2}。$$

因为函数 $f(x)=x-\dfrac{2}{x}+a\ln x$ 在 $[1,+\infty)$ 上为增函数，所以 $f'(x)\geqslant 0$ 在 $[1,+\infty)$ 恒成立。

设 $g(x)=x^2+ax+2$，即 $g(x)\geqslant 0$ 在 $[1,+\infty)$ 恒成立。

$\Delta=a^2-8\leqslant 0$，即 $-2\sqrt{2}\leqslant a\leqslant 2\sqrt{2}$ 时，合题意；

$\Delta=a^2-8>0$，即 $a<-2\sqrt{2}$ 或 $a>2\sqrt{2}$ 时，

只需二次函数的对称轴 $-\dfrac{a}{2}<0$ 即可，得 $a>2\sqrt{2}$，

综上，$a\geqslant -2\sqrt{2}$。

解法二：定义域为 $(0,+\infty)$，

$$f'(x)=1+\frac{2}{x^2}+\frac{a}{x}=\frac{x^2+ax+2}{x^2}。$$

因为函数 $f(x)=x-\dfrac{2}{x}+a\ln x$ 在 $[1,+\infty)$ 上为增函数，所以 $f'(x)\geqslant 0$ 在 $[1,+\infty)$ 恒成立。

即 $a\geqslant -\left(x+\dfrac{2}{x}\right)$ 在 $[1,+\infty)$ 恒成立。

因为 $x+\dfrac{2}{x}\geqslant 2\sqrt{2}$，当且仅当 $x=\sqrt{2}$ 时"="成立，

所以 $a\geqslant -2\sqrt{2}$。

笔者对本题的设计意图做出如下思考：该题目是已知函数单调性求解参数的取值范围，构造新函数 $g(x)$ 后，题目的解法一已转化为二次方程实根分布问题，而解法二则通过分离参数后，创设了均值不等式情境。该题通过多层次目标的设置，让学生不断辨析题目的条件变化、解法变化、与其他题目的联系与区别，以此来激发学生学习的兴趣，有效引导学生逐层深入理

解二次函数的精髓,将问题的知识价值、教育价值一一解剖,达到"做一题,会一片,懂一法,长一智"。

完成本节课教学后,笔者感悟颇深。高级学习是以初级学习为前提的,在课堂教学活动中,教师应有意识地引导学生主动学习、自主探究,让学生在已有的知识经验的基础上进行主动建构。教学活动中"学"的最高境界是"悟",而"悟"的第一步是理解,只有被学生真正理解了的知识,才能在新情境中实现迁移,最终达到举一反三、触类旁通的目的。因此,教师要帮助学生对数学知识进行多方位、多角度、深层次的理解,才能取得较好的教学效果。正所谓"一条主线清可鉴,字母如云巧相联,精彩纷呈数学梦,殊途同归弹指间"。

第三节　数学中转化思想的研究
——圆的几何特征在解析几何中的应用

在解决解析几何题目中,学生最大的困难便是运算。本节课的设计旨在让学生感受借助于圆的几何特征可以优化解法,提高解题效率。本节课的教学大纲有如下内容。

【教学目标】

(1)在求直线方程和圆的方程中学会抓住研究对象的几何特征,把几何关系转化成适当的代数关系。

(2)在解决直线与圆的综合问题中进一步学会观察代数式结构包含的几何关系,学会几何关系与代数关系的相互转化,体验解析几何的基本思想:用代数方法解决几何问题。

【教学重点】

几何特征与代数关系的转化。

【教学难点】

几何特征与代数关系的转化。

【教学方法】

反馈、互动探究、启发、类比相结合。

【学　法】

自主、合作、探究，通过观察进行比较与归纳。

【教学手段】

多媒体辅助教学。

【教学过程】

表 3-1　教学过程

教学环节	教学内容	师生互动	设计意图
自主反馈	(1) 寻找生活中直线与圆的不同位置关系的实例。 (2) 复习直线与圆位置关系的判断方法：代数法、几何法。	教师设问、引导，学生作答	引导学生关注身边生活，体会生活中的数学问题
旧题重温	已知两点 $P\left(\frac{1}{2},1\right)$、$C(1,0)$，求过点 P 且与直线 CP 垂直的直线 l 的方程	教师提出问题，激发学生进一步探究的兴趣	低起点，从学生熟悉的情境出发，并为后面揭示题目的本质做铺垫
考点探究	探究1：已知点 $P\left(\frac{1}{2},1\right)$ 与圆 $C:(x-1)^2+y^2=\frac{5}{4}$，求过点 P 的圆的切线方程。 探究2：若过点 $P\left(\frac{1}{2},1\right)$ 的直线 l 与圆 $C:(x-1)^2+y^2=4$ 相交于 M、N 两点，求 $|MN|$ 最短时的直线 l 的方程。 探究3：若过点 $P\left(\frac{1}{2},1\right)$ 的直线 l 与圆 $C:(x-1)^2+y^2=4$ 相交于 M、N 两点，Q 是圆上不同于 M、N 的任一点，当 $\angle MQN$ 最小时，直线 l 的方程为_____。	学生动手实践，小组讨论、类比、提炼、归纳，教师可参与其中适当引导点拨，学生展示成果	(1) 感受圆中常见的几何背景。 (2) 通过题目间的联系发现题目的本质。

（续表）

教学环节	教学内容	师生互动	设计意图
合作内化	探究 4:若直线 $l:y=kx+2$ 与圆 $x^2+y^2=1$ 交于 M、N 两点,在圆上是否存在一点 Q,使得 $\overrightarrow{OQ}=\overrightarrow{OM}+\overrightarrow{ON}$,若存在,求出此时直线 l 的斜率;若不存在,说明理由。	学生先独立思考,然后交流合作回答,教师进一步引导学生对比代数法与几何法的差异,并进一步拓展提高	进一步体会几何法给解题所带来的帮助
实战演练	(1) 直线 $\sqrt{3}x+y-2\sqrt{3}=0$ 截圆 $x^2+y^2=4$ 得的劣弧所对的圆心角为 _____。 (2) 一条光线从点 $(-2,-3)$ 射出,经 y 轴反射后与圆 $(x+3)^2+(y-2)^2=1$ 相切,则反射光线所在直线的斜率为( )。 A. $-\dfrac{5}{3}$ 或 $-\dfrac{3}{5}$ B. $-\dfrac{3}{2}$ 或 $-\dfrac{2}{3}$ C. $-\dfrac{5}{4}$ 或 $-\dfrac{4}{5}$ D. $-\dfrac{4}{3}$ 或 $-\dfrac{3}{4}$ (3) 在平面直角坐标系中,以点 $(1,0)$ 为圆心且与直线 $mx-y-2m-1=0$ $(m \in R)$ 相切的所有圆中,半径最大的圆的标准方程 _____。	学生思考讨论评价,教师指导,主要围绕如何优化解题方法展开	学以致用,进一步提高优化解题过程
升华提高	小组充分讨论,对自主学习任务单的内容进行再完善,归纳圆中常见的几何特征及代数转化并展示	学生展示成果,总结本节课学习的主要内容及收获	启发学生自主小结,使学生对所学知识的认知更系统。对数学方法的总结,可以更好地培养学生养成科学的思维习惯,学会总结、学会反思

（续表）

教学环节	教学内容	师生互动	设计意图
课后作业	（1）课后整理本节课的任务单并上传本节课的资料到电子档案中。 （2）对本节课的疑问可在微信中继续研讨。 （3）进一步探究其他圆锥曲线的几何特征及代数转化。	面对面或微信交流	学生进一步巩固本节课所学内容，给学生创设探究知识的平台

第四节　关于用探索的情感带动积极主动学习的研究

——椭圆的简单几何性质

【教学目标】

（1）教师引导学生通过自主学习，了解椭圆简单的几何性质（范围、对称性、顶点等），掌握离心率的概念和几何意义，初步学会如何利用解析法研究曲线性质。

（2）对学生而言，利用方程来研究曲线性质是学习解析几何以来的首次尝试，通过本节课的活动经验，使学生经历解析法研究未知图形的完整过程，在学习知识的同时积累解决数学问题的新途径、新经验，培养学生观察、类比、逻辑推理、理性思维的能力。

（3）通过自主探究、合作交流培养学生的团队意识、积极主动的学习精神和勇于探索新知的优秀品质。

【教学重点、难点】

重点：掌握如何利用椭圆标准方程研究椭圆简单的几何性质。

难点：椭圆离心率的概念和几何意义，尤其是离心率概念的引入以及离心率的变化对椭圆形状的影响。

【突破难点】

本节课采用课前自主学习——课上自主探究——师生、生生合作——拓展提升组成的探究式学习方式,尊重学生对于新知的认识规律,尊重学生的个体差异。结合椭圆方程具体实例,让学生历经对离心率的初识、再探、升华的学习过程,理解离心率概念引入的必要性,同时为圆锥曲线的统一定义做前期知识铺垫。

【教学媒体选择与应用】

使用多媒体辅助教学。

【教学过程】

一、预习反馈,点评学生课前完成的"自主学习任务单"

自主学习任务单——椭圆的简单几何性质。

(1)阅读新教材人教 A 版高中数学选择性必修第一册第 43~45 页,自主学习椭圆的简单几何性。

(2)观察椭圆 $\frac{x^2}{a^2}+\frac{y^2}{b^2}=1(a>b>0)$ 的图象,写出它的几何性质,如表 3-2 所示。

表 3-2 椭圆 $\frac{x^2}{a^2}+\frac{y^2}{b^2}=1$ 的几何性质

方程	$\frac{x^2}{a^2}+\frac{y^2}{b^2}=1(a>b>0)$
图形	
范围	
对称性	
顶点、长轴、短轴	
离心率	

(3)求出椭圆 $4x^2+9y^2=36$ 的长轴和短轴长、离心率、焦点坐标、顶点坐标。

设计意图:

(1)培养学生自主学习的能力,通过观察椭圆的图象得到椭圆的简单性质对学生而言并不困难,学生可以自主学会的内容老师绝不包办。

（2）任务单的完成可以让学生初步了解本节课的学习对象、主要内容及如何利用方程研究图形的方法，即用方程研究曲线的性质，初步学会如何从方程中寻求椭圆的范围、对称性、顶点、长轴、短轴等几何特征。通过阅读教材，发现离心率是本节课的一个难点，促使学生带着问题听课。

二、设置数学情境，引入课题

【探究问题 1】

自主探究：已知椭圆方程 $\dfrac{x^2}{a^2}+\dfrac{y^2}{b^2}=1(a>b>0)$，请你利用方程研究椭圆的范围。

学生活动过程：由 $\dfrac{x^2}{a^2}+\dfrac{y^2}{b^2}=1(a>b>0)$，利用两个实数的平方和为 1，结合不等式知识可得到 $x^2\leqslant a^2$ 且 $y^2\leqslant b^2$，所以可得 $-a\leqslant x\leqslant a$ 且 $-b\leqslant y\leqslant b$。

学生探究结论 1：由椭圆标准方程中 x,y 的范围得到椭圆位于直线 $x=\pm a$ 和 $y=\pm b$ 所围成的矩形里，该矩形外切于椭圆。

【探究问题 2】

请同学们继续观察该椭圆标准方程中变量 x,y 的指数，能否利用方程探究椭圆曲线的对称性？

学生活动过程：用 $-x$ 代 x 后方程不变，说明椭圆关于 y 轴对称。同理，用 $-y$ 代 y 后方程不变，说明椭圆曲线关于 x 轴对称。同时用 $-x$ 代 x，用 $-y$ 代 y 后方程还是不变，说明椭圆还关于原点中心对称。

学生探究结论 2：在椭圆的标准方程条件下，坐标轴是对称轴，原点是对称中心，椭圆既是轴对称又是中心对称图形。

教师追问：能否利用刚刚所学知识，画出方程 $x^2-2|x|+y^2-2|y|=0$ 的草图？

（1）通过椭圆标准方程中的 x,y 的指数特点，引导学生发现用 $-x$ 代 x、用 $-y$ 代 y 后如果方程保持不变，可以得到图形的对称性这一性质，初步掌握利用方程探究图形性质的思想方法。

（2）教师对学生的追问设计可以帮助学生学以致用、举一反三，运用所学知识解决新问题，进一步感受解析几何学习过程中解题思想方法的变化，加深对这种思想方法的理解和认识，同时体会解决问题所带来的成功感。

【探究问题3】

让我们重新回到椭圆标准方程,请你求出椭圆与其对称轴的交点坐标。

学生活动过程:学生很容易便想到令 $x=0$,解出 $y=\pm b$,得到点 $B_1(0,-b)$,$B_2(0,b)$,令 $y=0$,解出 $x=\pm a$,得到点 $A_1(-a,0)$,$A_2(a,0)$。这四个点恰好是学生探究结论1中椭圆与矩形的切点,通过课前自主学习教材可知,线段 A_1A_2 称为椭圆长轴,长轴长等于 $2a$,长半轴长等于 a;线段 B_1B_2 称为椭圆短轴,短轴长等于 $2b$,短半轴长等于 b。同时,学生还发现,数量关系 $c^2=a^2+b^2$ 对应于图形中的几何意义恰是直角三角形的三边。

教师追问:请同学们在同一坐标系内画出下列椭圆:

① $\dfrac{x^2}{25}+\dfrac{y^2}{16}=1$;   ② $\dfrac{x^2}{25}+\dfrac{y^2}{4}=1$。

设计意图:

(1) 根据刚刚所学的椭圆的性质,学生意识到椭圆是“有界”的,即可通过外切矩形、顶点等确定边界。同时结合椭圆的对称性,学生还可发现这样能够简化作图过程,即画好第一象限图象,再分别关于坐标轴、原点对称,即可快速得到其余象限图象。

(2) 在同一坐标系画出两个不同的椭圆,方程不同,椭圆形状不同,这一点学生很容易理解,但是两个方程长轴长相等,短轴长不同,这一点可以帮助学生初步感受离心率对椭圆形状的影响,为后续离心率的引入做铺垫。

【探究问题4】

已知椭圆 $C_1:9x^2+y^2=36$ 和 $C_2:\dfrac{x^2}{16}+\dfrac{y^2}{12}=1$,请你快速判断出更接近于圆的是_____。

学生活动过程:有了前面的学习经验,学生通过小组合作,探究得到当比值 $\dfrac{b}{a}$ 越小,椭圆形状越“扁平”;当比值 $\dfrac{b}{a}$ 越大,椭圆越接近于圆。由于 $\dfrac{b}{a}$

$=\dfrac{\sqrt{a^2-c^2}}{a}=\dfrac{\sqrt{a^2-c^2}}{a^2}=\sqrt{1-\left(\dfrac{c}{a}\right)^2}$,所以 $\dfrac{c}{a}$ 越大,$\dfrac{b}{a}$ 越小,椭圆越“扁平”;

$\dfrac{c}{a}$ 越小,$\dfrac{b}{a}$ 越大,椭圆越接近于圆。比值 $e=\dfrac{c}{a}$ 为椭圆的离心率,分析出离心率的范围为 $0<e<1$。

学生探究结论3:椭圆离心率的范围是 $0<e<1$,在此范围内,e 越大,椭

圆越"扁平"；离心率 e 越接近于 0,它就越接近于圆,所以离心率是描述椭圆圆扁程度的量。

设计意图:该环节让学生初步了解椭圆离心率的概念、离心率对椭圆形状的影响,由于离心率不是本节课重点,让学生初步学会如何利用方程求椭圆离心率即可。

三、合作内化、拓展提升

【探究问题 5】

类比焦点在 x 轴椭圆的几何性质,补充完善焦点在 y 轴椭圆的几何性质,如表 3-3 所示。

表 3-3　焦点在 y 轴椭圆的几何性质

方程	$\dfrac{y^2}{a^2}+\dfrac{x^2}{b^2}=1(a>b>0)$
图形	
范围	
对称性	
顶点、长轴、短轴	
离心率	

设计意图:引导学生运用类比的思想方法将焦点 x 轴椭圆的几何性质拓展到焦点在 y 轴的椭圆,这样既可以巩固强化本节课所学知识,同时也为后续双曲线、抛物线的学习埋下伏笔。

四、学以致用,欣赏数学之美

【探究问题 6】

方程赏析:你能画出方程 $x^2+(y-\sqrt[3]{x^2})^2=1$ 的图象吗? 如图 3-1 所示。

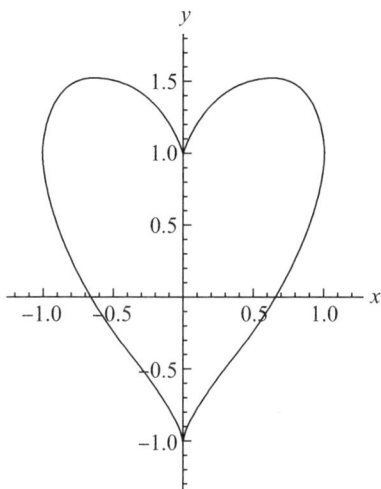

图 3-1　方程 $x^2+(y-\sqrt[3]{x^2})^2=1$ 的图象

设计意图：通过"心形"曲线，激发学生勇于挑战困难的斗志，在画图过程中，学生逐渐发现这是一个"心形"曲线，更进一步激发了学生探究的兴趣。教师适时介绍数学家笛卡尔的小故事，让学生感受数学之美、方程之美。最后教师以学生在课堂的优秀表现为由，将该方程作为礼物送给学生，展示出数学老师表达浪漫的独特方式。

五、合作深化、课堂小结

请学生小组合作，内部交流本节课的所学所获，每小组选出代表从知识、思想方法等方面总结本节课所学知识，教师予以最终点评。

设计意图：不会反思，学生就不会学习，自主学习不是只让学生简单地课前预习，它应该发生在整个课堂教学中的每一个环节中。通过反思，学生可以深化知识的形成过程，完善认知结构，掌握研究问题、解决问题的一般方法和思路，拓宽思维角度，提高数学思维层次。

六、课后分层作业

（1）新教材人教 A 版高中数学选择性必修第一册"椭圆的简单几何性质"课后习题 3、4。

（2）已知线段 $|AB|=10$，直线 AM 与 BM 相交于点 M，且它们的斜率之积等于 $-\dfrac{4}{9}$，试求点的轨迹方程并判断其形状。

设计意图：引导学生进一步利用椭圆的标准方程挖掘椭圆"第三定义"，即椭圆上(去掉长轴顶点)任意一点与长轴两个顶点连线的斜率之积为定值 $-\dfrac{b^2}{a^2}$。同时，让学生进一步理解学习解析几何的重要方法——解析法(坐标法)，即利用曲线方程研究曲线性质，这种方法不仅适用于椭圆，也适用于后续课程中的其他曲线。

七、反思与评价

回顾知识的形成过程，同学之间交流，谈谈对本节课的认识。

（1）知识与技能：椭圆的范围、对称性、顶点，初步学习了利用椭圆标准方程研究椭圆曲线性质的方法。

（2）过程与方法：重视对研究方法的思想渗透及分析问题和解决问题能力的培养；以自主探究为主，通过体验数学发现和创造的历程，培养学生观察、分析、逻辑推理、理性思维的能力。

（3）情感、态度与价值观：善于观察，敢于创新，学会与人合作，感受到探究的乐趣，体会椭圆方程结构的和谐美和椭圆曲线的对称美，培养学生的审美习惯和良好的思维品质。

八、课后反思

（1）如何利用椭圆的标准方程研究椭圆的简单几何性质是本节课的重点内容，同时也为进一步学习双曲线和抛物线奠定了基础。为了突出重点，整个教学设计的核心都是围绕着如何使用方程展开，方程的不同结构特点都在图形中得以体现，方程特征与椭圆性质是对应吻合的，每一个环节都在培养学生的研究方法，强化学生的思维能力。

（2）解析几何的两大任务是利用已知条件求曲线的轨迹方程，然后利用方程研究曲线的性质，这两大任务也是历年高考的热点考查内容。椭圆方程是继圆的方程之后的第一个圆锥曲线方程，它身上有圆的影子，但二者又有很多本质上的不同，同时它为双曲线、抛物线的学习提供了重要的经验、思想和方法，起到了承前启后的作用。因此，教师要用心设计如何体现"利用方程研究曲线性质"的本质，摒弃传统教学中播放动画课件、生搬硬套做练习的套路，根据学生认知规律，层层设问、循序渐进，使学生在对问题串的解决过程中反复强化"用方程"的意识，从而真正提升方程研究曲线性质的能力。

（3）我们都知道，数学是一门思维的科学，数学的核心是思维能力，如何真正有效地提升学生的数学思维能力、体现教学的本质，十分考验教师的教学艺术。自主探究为传统教学模式注入了新鲜血液，使课堂变得鲜活灵动，能够使学生真正掌握发现问题、探究问题、解决问题的方法，能够真正培养并提升学生的思维能力。因此，课堂教学中教师可通过精心设置问题，大胆使用问题教学，挖掘学生的认识能力，不再包办，敢于放手，恰当地创设问题情境，使学生能够在课堂上创造性地学习。

第五节　通过转化回归的思维培养空间直观想象的能力
——棱柱、棱锥、棱台的结构特征

笔者个人是很喜欢《立体几何》的教学内容的，因为知识来源于实践，在《立体几何》学习过程中，学生可以真正触摸、感受到丰富的空间几何体，同时通过点、线、面位置关系的学习，可以极大提升学生空间想象能力。高中一年级的新生已拥有了初中平面几何知识的学习经验，但是从二维平面图形上升到三维立体图形，大多数知识点是一种无效铺垫。在立体几何的起始阶段，课堂上教师应该让学生多观察身边实例，利用手中的笔、课本、书桌、所处的教室等线、面、体实物模型进行多角度的观察、类比、对照和想象，甚至可以让学生自己手工制作模型，通过翻折、拼接、重组模型证明自己的猜想结论，同时也为猜想的错误结论构造反例。同时，教师可充分利用多媒体画图软件、"几何画板"等先进的教学手段让原本静止抽象的柱、锥、台等多面体动态的变化形象生动地展示在学生面前，激发学生的学习兴趣。在课堂中，教师引导学生自主讨论、大胆争辩，每个学生都在亲身体验中感受快乐与喜悦，同时拓展了他们对空间的认知能力，真正达到培养学生的创新意识、创新思维和创新能力的目的。

一、教学目标

（一）知识与技能

（1）认识棱柱、棱锥、棱台及多面体的几何特征，了解棱柱、棱锥、棱台及多面体的概念。

（2）会画特殊的四棱柱（平行六面体、长方体、正方体）、棱锥（三棱锥、四棱锥）、棱台（正棱台）的平面图形。

（二）过程与方法

（1）用图形平移的方法引出棱柱的概念，通过生活实例，重点认知特殊的四棱柱。

（2）借助多媒体课件与几何画板，用收缩的方法引出棱锥的概念，再用棱锥的概念类比学习棱台的概念，培养学生用运动变化的观点认识棱柱、棱锥、棱台的辩证关系，感受自然界的辩证法。

（3）使学生进一步体会观察、比较、归纳、分析等一般科学方法的运用。

（三）数学学科素养

让学生认知人类生存的现实空间，认识空间图形，培养和发展学生的空间想象、数学抽象、逻辑推理、数学建模等核心素养。

二、教学重点

（1）掌握棱柱、棱锥、棱台的概念及结构特征。

（2）正确画出特殊的四棱柱（平行六面体、长方体、正方体）、棱锥（三棱锥、四棱锥）、棱台（正棱台）的平面图形。

三、教学难点

（1）棱柱、棱锥、棱台的侧面展开问题。

（2）特殊四棱台的认知及相互间的内在联系。

四、教学过程

1. 创设情境

使用多媒体展现校园中的雕塑、"五月的风"、金字塔等事物的图片，使学生感受生活中的几何体，引导学生认识生活中的建筑和物体一般是由点、线、面、体等要素构成,而本节课先从一些基本的特殊几何体入手,揭示本节课主题——棱柱、棱锥和棱台。

2. 自主学习,初识棱柱、棱锥、棱台

【探究问题1】

阅读教材 97～100 页,思考并回答以下问题。

什么是空间几何体? 多面体与旋转体? 你能从生活实例中找到它们吗?

学生活动:学生自主阅读,小组讨论,给出空间几何体、多面体、旋转体的概念,并举出生活实例。

设计意图:通过课堂阅读,教师可对学生进行阅读指导,提高学生阅读理解能力。找到生活中的几何体实例,让学生用肉眼观察几何体的结构特征,用脑去想、去归纳几何体的一般结构特征,学会用立体几何的数学思想思考问题。

教师追问:① 一个多面体至少有几个面? 这个多面体是怎样的几何体? ② 请同学们用六根长度相等的木棒,将它们首尾相连,最多可搭成几个正三角形?

设计意图:课堂中的动手环节是学生非常喜欢的,让学生动手实践,可以很好地突破难点,培养和提高学生的逻辑推理、空间想象能力。

【探究问题2】

我们都知道点动成线,线动可成面,那么面的运动又可以形成什么呢? (教师使用多媒体动画演示正六边形平移生成正六棱柱的过程,让学生直观感受面的运动可形成几何体)

【探究问题3】

给出如下四个几何体,你能说出它们分别由怎样的平面图形按何方向平移而得吗?

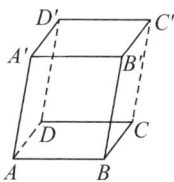
图 3-2

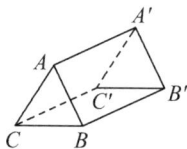
图 3-3

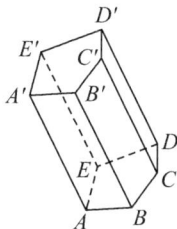
图 3-4

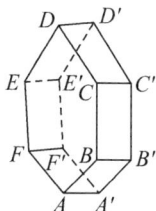
图 3-5

学生活动:图 3-2 是由平行四边形 $ABCD$ 沿着 AA' 方向平移形成的,图 3-3、3-4、3-5 是分别平移平面三角形、五边形、六边形得到的。师生共同揭示棱柱定义:一般地,由一个平面多边形沿某一方向平移形成的空间几何体叫棱柱。同时学习棱柱各部分的名称。

设计意图:教师允许学生最初使用不太规范的语言来描述平移方向,通过教师引导,了解平移是需要同时有"方向""平移距离"的,从而知道使用向量这一语言是严谨规范的。此类问题答案可以不唯一,重在培养学生从多角度思考发现问题。同时,这一组图形可让学生初步感受棱柱的分类方式。

【探究问题 4】

观察下列几何体是否是棱柱? 该如何对其命名?

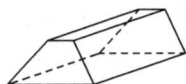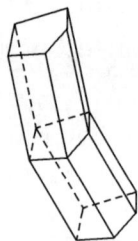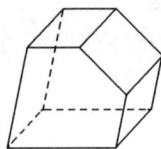

图 3-6   图 3-7   图 3-8

学生活动:图 3-6 是;图 3-7 不是,因为不是按同一方向平移而得;图 3-8 是。

教师追问:将图 3-6 的棱柱竖立,将图 3-8 的棱柱平躺,是否还是棱柱呢?

设计意图:通过教师的层层设问,让学生加深理解棱柱的概念,在判断一几何体是否为棱柱时,一定要从多角度来观察。

【探究问题 5】

观察下列几何体,它们是棱柱吗? 它们的共同特征是什么?

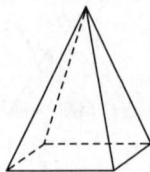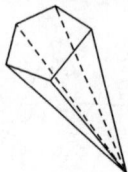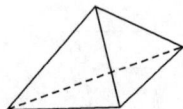

图 3-9   图 3-10   图 3-11   图 3-12

学生活动:通过与棱柱的图形对比,学生发现这一组显然不是棱柱,它们的共性是有一个公共顶点的三角形所围成的几何体,可以看作是将棱柱的一个底面收缩成一点时得到的图形(教师配合学生进行动画演示,直观展示棱柱收缩成锥的运动过程)。师生共同归纳棱锥定义并类比棱柱学习棱锥各部分名称及棱锥的分类。

设计意图:有了棱柱的学习经验,学生很容易归纳概括出棱锥的概念及各部分名称,同时可以从运动的角度找到棱柱与棱锥的内在联系。

【探究问题 6】

棱台的概念:如果用一个平行于棱锥底面的平面截棱锥,可以得到两个怎样的几何体? 小棱锥之外的几何体是什么?

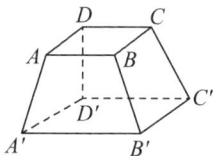
图 3-13

学生活动:通过思考,学生发现棱台是"大棱锥"去掉"小棱锥"后的几何体,棱台是棱柱趋向棱锥的运动过程中的几何体,所以它们各部分的名称及分类方式是一致的。

教师追问:图 3-14 所展示的几何体是棱台吗? 为什么?

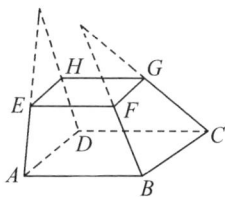
图 3-14

设计意图:引导学生小组讨论得到该几何体并不是棱台,因其四棱延长后不交于一点,从另一角度提升对棱台概念的认知,有效突破棱台的概念过于抽象这一难点。

3. 学以致用,拓展提升

【探究问题 7】

请同学们画一个四棱柱和一个三棱台。

学生活动:学生分小组动手画出任意四棱柱、斜四棱柱、长方体、正方体等棱柱。

设计意图:教师抓住课堂内容引导学生进一步学习特殊四棱柱及其内在联系,同时引导学生总结画图步骤。

第一步:画底面——任意四边形或特殊四边形;

第二步：从四边形的每一个顶点画平行且相等的线段，能看见的画实线，看不见的画虚线，更具直观性；

第三步：顺次联结这些线段的另一个端点，画出另一个底面。

通过让学生自己动手画图，加深学生对三种简单几何体的理解和运用，进一步培养学生的空间想象能力。

【探究问题8】

请你用集合语言表示出四棱柱、平行六面体、直平行六面体、长方体、正四棱柱、正方体的关系。

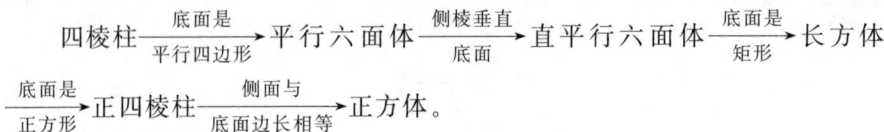

$$\text{四棱柱} \xrightarrow[\text{平行四边形}]{\text{底面是}} \text{平行六面体} \xrightarrow[\text{底面}]{\text{侧棱垂直}} \text{直平行六面体} \xrightarrow[\text{矩形}]{\text{底面是}} \text{长方体}$$

$$\xrightarrow[\text{正方形}]{\text{底面是}} \text{正四棱柱} \xrightarrow[\text{底面边长相等}]{\text{侧面与}} \text{正方体}。$$

4. 学生小结

通过本节课的学习，你掌握了哪些知识？感悟到了哪些数学思想和方法？能否初步归纳一下学习空间几何的一般方法？

五、课后分层作业

（1）完成表 3-4，梳理多面体的几何特征。

表 3-4　多面体的几何特征

名称	棱柱	棱锥	棱台
图形			
底面			
侧棱			
侧面形状			

（2）完成新教材人教 A 版高中数学必修第三册"棱柱、棱锥、棱台的结构特征"课后练习 1～3。

六、教学反思

（1）本节课是学生初次认知空间几何体的第一类图形——多面体，教师应该大胆放手，借助生活中的实物和模型，让学生动手实践，不断观察、感受、归纳，使学生通过多种视角观察、认识空间图形，加强对立体几何的直观感受，培养和发展学生的空间想象、逻辑推理、数学抽象等核心素养能力。

（2）几何画板的多媒体展示环节给这节课增添了许多亮点并很好地处理好了教学容量大的问题。通过动画的演示，学生比较形象地理解了简单几何体的概念及其结构特征，教师本节课使用的课件都是选修课中学生的作品，这一点也让很多学生对几何画板的学习产生了兴趣。

（3）当然，本节课也有明显的不足之处，因为课堂容量过大，没有能够留给学生充足的时间观察分析，小结比较匆忙。因此，建议删除部分环节，让学生在立体几何的开篇课中，充分地用手去做、用眼去看、用嘴去说、用手去画、用脑去想，培养学生的空间想象能力。

第六节　MPCK 视角下"数系的扩充和复数的概念"教学设计

MPKC（Mathematics Pedagogical Content Knowledge）是数学教学内容知识的简称，笔者从数学学科知识（Mathematical Knowledge）、一般教学法知识（Pedagogical Knowledge）、有关数学学习的知识（Content Knowledge）几个方面对数系的扩充和复数的概念进行反思探讨，以期助力一线数学教学。

一、数学学科知识（MK）

1. 高等数学观点下的概念剖析

运算的本质是结构。在代数运算的作用下，集合拥有了代数结构，成为代数系统，即高中教材中所称的数系。由于代数系统中运算个数以及对运算所要求的附加条件的不同，从而产生了各种各样不同的代数系统，如群、环、域。

数系扩充的本质是域的扩张。在有理数域 Q 上添加有限个(此处为一个)元素 $\sqrt{2}$ 得到 Q 的一个扩域 $T=Q(\sqrt{2})$。所以类似地,在实数域 R 上添加元素 i 得到其扩域 C,即复数域。

广义的运算对象除"数"之外,还包括向量、多项式、函数、矩阵等,尽管研究对象千差万别,但从运算的角度看有很多共同性质。高等代数观点下,运算均对应线性空间上的变换,其中乘法的几何意义是伸缩和旋转,具体到复数的乘法,可得复数的三角表示与几何意义。恰如王之涣所咏:"欲穷千里目,更上一层楼。"由高等数学透视中学数学,代数彰显了其强大的表现力和兼容性。

2. 数学史中的立德树人

数学的发展历程不是笔直的"康庄大道",而是同时性或继时性的群体行为,是曲折中螺旋上升的思维活动。

第一个被记录下来的涉及负数求平方根的例子出现在海伦的《立体求积法》一书中。海伦在给出圆台求高公式范例时,与高为 $\sqrt{-63}$ 的"不可能圆锥"擦肩而过。法国数学家舒开在解 $4+x^2=3x$ 时声明"此根是不可能的"。引入负数平方根的卡尔丹称它为"诡辩量"。笛卡尔同样反感,称其为"虚的"。

16 世纪的"当红挑战"是求解三次方程。意大利数学家费罗将解 $x^3+bx=c$ 的"独门秘籍"传给费耶,费耶与成功挑战了 $x^3+ax^2=c$ 的塔塔利亚尔来了一场公开的数学决斗,后者胜出。卡尔丹违背其诺言将前述解法写入《大术》,塔塔利亚尔怒下"战书"。于是,米兰一座教堂内,马拉松式的公开辩论打响。数学家们的"擂台",没有拳打脚踢,却也"刀光剑影"。每一场交锋都被打上时代的烙印,每一次捍卫真理,更是"成王败寇"。

卡尔丹在求根公式中触及数系的"盲区",暂且搁置内心煎熬,算得其本质为实数,又迅速返回实数的"安全地带"。为 i 命名的欧拉欣然在陌生的复数"泥潭"里前进,欧拉恒等式 $e^{i\pi}+1=0$ 横空出世,大放异彩。继而有了韦塞尔的几何创新、阿甘得的推进和高斯的肯定。

拨开云雾见天日,守得云开见月明。数学家们有好奇、有惊恐,更有金石可镂的决心。数系的"颠覆"是一场伟大的探险,数学史蜿蜒前行,认知边疆不断开拓,真相愈发明晰。

通过数学史,发挥数学学科的育人价值,落实立德树人的根本任务,打造文理交融的数学文化课程。

3.一般教学法知识(PK)

正如文艺复兴推翻了中世纪"儿童是缩小尺寸的成年人"的观点,初等数学的课堂也不等同于微缩的数学史。我们在强调数学史作用的同时,不能忽视青少年的身心发展规律。

海伦、费罗、塔塔利亚尔、韦塞尔、欧拉……数学家们彻夜未眠辗转反侧的时候到底在想什么? 多位数学家在不同的时空有意或无意的"通力合作",是如何让每一个转折点通畅豁达的? 自然不可能强求学生重构每一位关键人物的成果,如韦塞尔在担任测量员时灵光乍现得到"复平面",缺乏生活经验的学生很难完全复刻数学家们真实的发现历程。这就对教师提出了更高的要求:舍弃什么,突出什么;何时"收",何时"放"。

所谓"火热的思考",是引导学生主动体验这种"呼之不出"到"豁然开朗"的煎熬,学生茅塞顿开、恍然大悟:"哦! 原来如此!"或者信心满满、兴致勃勃:"我要试一试!"

发明是困难的,模仿是简单的。仅验证知道其正确性是远远不够的,应充分激发学生的内驱力,主动拓展。正如数的扩充历程,若习惯了在"安全区域"内活动,便很难有数学的"生成"。实数系的思维定式,制约着人们思考的深入。冒风险、受挫折是常态。弗兰登塔尔有言:学习数学的唯一途径是"再创造"。学生经历发明的过程,尝试架构局部的数学体系,从而使知识的获得更加有效。

数学教学的"求真""自然",使其矛盾是"邂逅"的,不是设计好了摆在学生面前的。学生在该领域的探索使其"愤悱"之时恰当"启发",方能"开其意,达其词,通其道"。

4.有关数学学习的知识(CK)

在高中之前,教师对于"负数开平方"均持回避态度。彼时学生年龄尚小,故教师亲手灭掉复数领域的"灯火",退出来,搁置不谈。如今当以学生认知水平的进一步成熟为契机,大胆闯入未知领域。

若是直接给出卡尔丹的公式,学生受之前一元二次方程求根公式的惯性思维影响,当出现负数开平方时,使自动中止公式的使用。或者抱着对新事物的严谨态度,学生会怀疑卡尔丹公式的正确性——出现矛盾是否是公式本身出了问题？故笔者设计了课前的阅读探究活动：学生自主经历和本节课有关的一元三次方程求根公式的推导过程。

中学阶段更多是教师"扶着学生走"，待到大学阶段学习抽象代数的群、环、域、模理论时，教师便真正"放手"让学生独立创建逻辑自洽的代数系统。届时学生回眸中学的数学学习，内心定有万千感慨。

二、"数系的扩充和复数的概念"教学设计

1. 教材与学情分析

本节课主要学习数系的扩充和复数的概念。数系的扩充过程既体现了数学的发现和创造过程，也是数学发展的客观需求。复数的引入是中学阶段数系的又一次扩充。

《普通高中课程标准（2020年修订版）》将复数作为数系扩充的结果引入，体现了实际需求与数学内部的矛盾在数系扩充过程中的作用，以及数系扩充过程中数系结构与运算性质的变化。这部分内容的学习，有助于学生体会理论产生与发展的过程，认识数学的产生和发展既有来自外部的动力，也有来自内部的动力，从而形成正确的数学观，有助于培养学生的创新意识和创新能力。

在此之前，学生已经学习了自然数、整数、有理数、实数的概念和运算，对数系由自然数集扩充到实数集有了一定的认识，也清楚了数集之间的包含关系。本节课的学习，一是让学生在问题情境中回忆数系扩充的过程，体会虚数引入的必要性；二是掌握复数的相关概念，尤其是代数表示，为后面学习复数的四则运算奠定基础。因此，本节课具有承前启后的作用，是本章重要的基础内容。

2. 教学目标

（1）理解复数的基本概念及复数相等的充要条件。

（2）通过回顾从自然数集逐步扩充到实数集的过程，体会实际需求与数学内部的矛盾在数系扩充过程中的作用，体会数学发展和创造的过程，提升分析问题的能力。

（3）通过具体实例，掌握复数相等的充要条件，体会转化的数学思想，加强逻辑推理和数学运算的核心素养。

3. 教学重难点

（1）教学重点：① 复数的概念，复数的代数形式；② 复数相等的充要条件。

（2）教学难点：① 从实数系扩充到复数系的过程；② 对虚数单位的理解。

4. 突破措施

运用数学史材料激发学生的学习兴趣，主动参与教学活动。通过环环相扣的问题串，引导学生回顾数系扩充的过程，提炼数系扩充的原则，帮助学生建立新的认知结构。这些内容思维量较大，对思维的严谨性和归纳推理能力要求较高，需要通过教师引导学生共同解决。

运用多媒体手段，采用探究式教学方法，将复杂的思维过程转化为事物的发生、发展过程，培养学生的形象思维能力，完成感性认识过程，进而过渡为抽象思维，完成理性认识过程，突破学习难点，达到学生对数学知识的理解和掌握。

5. 教学方法

教法：本节课主要采用问题驱动教学模式，通过设置问题串，引发学生的认知冲突，引导学生追溯数系扩充的过程。通过类比的方法，帮助学生建立新的认知结构，使复数理论的产生水到渠成。通过感知——辨认——概括——定义——应用，使学生逐步掌握复数的概念，帮助学生更有效地进行数学思维，更好地发现数学规律。

学法：通过类比学习法、探究式学习法提升数学抽象、逻辑推理、数学运算等核心素养。

6. 教学过程

"互联网＋"背景下，应以生学为本，学生利用平板电脑接收自主学习任务单。任务单分为学科素养、学习任务、我的疑惑三个部分，其中学习任务包括自主探究、知识理解、拓展延伸三个层次。学生基于学习资源进行个性化自主学习，生成的学习问题可以为教师备课和有针对性的教学提供参考。

自主学习任务单有如下内容。

自主学习任务单

1. 一元三次方程求根公式

(1) 阅读材料：缺项一元三次方程 $x^3+px+q=0$ 求根公式的推导。

记 $x^3+px+q=0$ 为(1)式

不妨设 p,q 均不为 0，令 $x=u+v$　(2)

代入(1)得

$u^3+v^3+(u+v)(3uv+p)+q=0$　(3)

选择 u,v，使(3)成立，得 $\begin{cases} uv=-\dfrac{p}{3} \\ u^3+v^3=-q \end{cases}$，即 $\begin{cases} u^3v^3=-\dfrac{p^3}{27} \\ u^3+v^3=-q \end{cases}$，记为(4)式，

故 u^3,v^3 是关于 t 的一元二次方程 $t^2+qt-\dfrac{p^3}{27}=0$ 的两个根。

设 $\Delta=q^2+\dfrac{4p^3}{27}$，$D=\dfrac{\Delta}{4}=\left(\dfrac{q}{2}\right)^2+\left(\dfrac{p}{3}\right)^3$，$T=-\dfrac{q}{2}$，

① $\Delta\geqslant 0$ 即 $D\geqslant 0$ 时，

由二次方程求根公式可得 $u^3=T+\sqrt{D}$，$v^3=T-\sqrt{D}$，

则 $x=u+v=\sqrt[3]{-\dfrac{q}{2}+\sqrt{\left(\dfrac{q}{2}\right)^2+\left(\dfrac{p}{3}\right)^3}}+\sqrt[3]{-\dfrac{q}{2}-\sqrt{\left(\dfrac{q}{2}\right)^2+\left(\dfrac{p}{3}\right)^3}}$；

② $\Delta<0$ 即 $D<0$ 时，(1)式无实数根。

(2) 由代数基本定理可知，任何一元 n 次方程 $f(x)=0$ 有 n 个根。该公式能解决所有形如 $x^3+px+q=0$ 的一元三次方程的求根问题吗？

(3) 自行探索一元三次方程 $x^3-15x-4=0$ 的根。

2. 数集和运算

若数集 S 中的任意两个元素 a,b 经某运算后的结果 c 依然在 S 中，则称"运算在数集 S 中可以实施"。请按照时间和逻辑顺序回顾数集的扩充过程，并判断各运算在各数集中是否可以实施。若可以实施，请在对应方格打"√"；否则打"×"。

表 3-5　数集和运算任务表

运算＼数集			
加			
乘			

(续表)

数集 / 运算				
减				
除				
开方				

3. 数集的表示

(1) $\dfrac{2}{3}+\sqrt{5}$ 是无理数吗？

(2) 请用 Z 中的元素和适当的运算表示 Q。

(3) 在 Q 中添加新元素 $\sqrt{2}$ 并保持 Q 原有的运算，请用描述法写出得到的新数集 T。

4. 答疑解惑

任务单参考答案如下：

1. 一元三次方程求根公式参考答案

将 $x^3-15x-4=0$ 因式分解为 $(x-4)(x+2+\sqrt{3})(x+2-\sqrt{3})=0$，故原方程有三个根，分别为 $4，-2-\sqrt{3}，-2+\sqrt{3}$。学生可"猜根"、使用绘图工具 Geogebra 或尝试卡尔丹公式等。

2. 数集和运算任务参考答案

表 3-6　参考答案

数集 / 运算	N	Z	Q	R
加	√	√	√	√
乘	√	√	√	√
减	×	√	√	√
除	×	×	√	√
开方	×	×	×	×

3. 数集的表示参考答案

(1) $\dfrac{2}{3}+\sqrt{5}$ 是无理数。

(2) $Q=\left\{\dfrac{m}{n}\mid m,n\in Z,n\neq 0\right\}$

$T=\{a+b\sqrt{2}\mid a,b\in Q\}$

三、课堂教学

1. 环节 1：一元三次方程的根

16 世纪，意大利数学家卡尔丹发现的求根公式之一，大家都已经在任务单里探索过了，即 $x^3-15x-4=0$。卡尔丹的学生邦贝利冒着风险，把 $-|2|$ 写在了根号下：

由 $u^3=2+\sqrt{-121}$，$v^3=2-\sqrt{-121}$

设 $x=\sqrt[3]{2+\sqrt{-121}}+\sqrt[3]{2-\sqrt{-121}}$

则 $x=(2+\sqrt{-1})+(2-\sqrt{-1})=4$

由此，我们认为 x 的本质是实数。

设计意图：还原历史的本来面目，与课前任务单呼应，巧妙建构数系扩充的必要性，并渗透敢于创新、打破常规的德育理念。

2. 环节 2：数系的扩充

师：根号下出现负数，它有意义吗？是否存在一个实数，它的平方是负数？

生：不存在。

师：实数集不够用了，我们要发明一个新数集，在这个新数集中，负数的二次根式有意义。在发明新数集前我们要怎么做？

生：总结借鉴前人的做法。

师：我们学过哪些运算？哪些数集？（平板电脑投屏展示学生的典型答案）在数集中加入运算，就是数系。运算在数集中"畅通无阻"，就是"可以实施"。数系的扩充是通过引入新数或新符号实现的。（教师在表格上板书添加新数、标注新符号）

设计意图：逐步引导学生回顾数系从自然数集扩充到实数集的过程，指出在已知的数集范围内方程无解时，通过逐步引入负数、分数、无理数解决了矛盾，同时让学生体会数系的每一次扩充都与实际需求密切相关，为复数的引入寻求灵感。

3．环节3：复数的运算

一般地，为了使方程 $x^2=-1$ 有解，规定 i 的平方等于 -1，即 $i^2=-1$，并称 i 为虚数单位。

师：根据数系扩充的规律，i 既然是数就可以进行运算，类比任务单里的 $T=\{a+b\sqrt{2}\,|\,a,b\in Q\}$，你能把 i 与实数进行四则运算吗？

生：列举具体例子。

师：这些数的结构有什么特点？

生：形如 $a+bi(a,b\in R)$。

师：复数的代数形式、实部、虚部的概念和举例。

生：指出各自的实部、虚部。

设计意图：学生更习惯无横向连接符的"单体"无理数，诸如 $\sqrt{5}$，$-\dfrac{3\sqrt{7}}{2}$，π，e 等，本质涉及乘除运算，而形如 $3+\sqrt{5}$ 的加减运算结果未在数系归纳过程中得到重视。故在此处给学生铺设"台阶"，自主学习任务单类比"新数"$\sqrt{2}$ 与有理数的运算，学生易得"新数"i 与实数的运算，从而扩充得到新的数集。课堂中可引导学生由特殊到一般地抽象概括出复数的代数形式，明确添加新数后要保持原有的运算法则和运算律。数系扩充的原则是必要性和合理性。

4．环节4：复数的分类

师：根据上述实例，若复数 $z=a+bi(a,b\in R)$ 一定是虚数吗，若表示实数，需满足什么条件？

生：$b=0$。

师：展示复数的分类及其标准。

$$复数\ z=a+bi\begin{cases}实数(b=0)\\虚数(b\neq0)\begin{cases}纯虚数(a=0,b\neq0)\\非纯虚数(a\neq0,b\neq0)\end{cases}\end{cases}$$

师：请你用文氏图（如图3-15所示）表示出复数集、实数集、虚数集、纯虚数集之间的关系。

学生用平板电脑现场提交答案，教师点评。

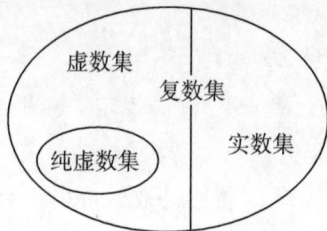

图 3-15　文氏图表示各数集关系

设计意图：引导学生发现"b 是否为 0"是复数分类的标准。深化复数概念的理解，突破难点。从集合的角度直观感受复数的分类，进一步深化对复数概念的理解。

5. 环节 5：随堂练习

例 1：说出下列复数的实部、虚部，并指出哪些是实数，哪些是虚数，哪些是纯虚数。

$$3+2i，-\sqrt{5}-\frac{1}{2}i，-0.4i，4，0，2i^2$$

例 2：当实数 m 取什么值时，复数 $z=m+1+(m-1)i$ 是下列数？

① 实数；② 虚数；③ 纯虚数。

设计意图：巩固核心概念。举例时注意变化非本质因素，以衬托本质因素。

6. 环节 6：复数相等的充要条件

在复数系下，如何说明两个复数 $z_1=a+bi，z_2=c+di(a,b,c,d\in R)$ 相等呢？

注意，两虚数只能说相等或者不相等，不能比较大小，两个实数可以比较大小。

设计意图：掌握复数相等的充要条件，体会把复数问题实数化的化归思想。

7. 环节 7：视觉感知

$1\times(-1)=-1$ 可以看成"1 逆时针旋转 180°"得到 -1。

同理，由 $i^2=-1,1\times(-1)=1\times i\times i$ 可以解释为"1 逆时针旋转 90°两

次"得到－1。

因此，这个数是存在的，只是不在数轴上。实数与 i 的积有怎样的几何意义？

生：是有向线段的旋转。

师：后续我们会深入研究。

设计意图：眼见为实，将"虚幻"的数映入眼帘，激发学生的学习兴趣，为复数的几何意义做铺垫。

8. 环节 8：课堂小结

学生总结梳理本节课的知识、方法和数学思想，其他同学补充，教师展示本节课内容的思维导图。

设计意图：通过总结，让学生进一步巩固本节所学内容，提高归纳概括能力。

深化普通高中课程改革是每一位教育工作者的历史使命，MPCK 理论为数学教育工作者提供了有力的支持。新时代的高中数学课堂，应是从数学学科知识（MK）、一般教学法知识（PK）、有关数学学习的知识（CK）等多方面精心研讨，引导学生主动生成的建构过程。

第四章　教学建模，拓展校本课程

　　21世纪，我国确定了"立德树人""以人为本"的教育改革指导思想，强调以课程为载体落实指导思想，进而以高中课程标准修订为突破，探索、积累经验，逐步推广。高中数学课程标准提出了六大核心素养：数学抽象、数学推理、数学建模、直观想象、数学运算、数据分析。数学核心素养是具有数学基本特征的适应个人终身发展和社会发展需要的人的关键能力与思维品质。在课堂教学中，教师应如何将核心素养的培养落到实处呢？

　　根据高中学生的学习特点和需要，高中数学教材内容设计了三条贯穿始终的内容主线：函数及应用、几何与代数、统计与概率。数学建模与数学探究是另一条贯穿始终的主线。教师应牢牢抓住这些贯穿始终的主线，通过课堂教学让学生反复感受到抽象、推理（运算）、模型、直观所起的作用，这样才能切实有效地促进学生数学核心素养的提升和发展。

第一节　高中数学研究性学习中的数学建模应用

　　在高中数学教学过程中，需要注重培养学生的数学应用能力，引导学生在遇到实际问题时，基于数学视角分析问题、思考问题，并积极探索新的解决方法。另外，教师也需要引导学生发现生活中的数学，促进学生将数学知识和生活结合，引导学生细心观察生活，提升对数学学习的兴趣。

　　在新课程背景下，高中数学正处于全面发展过程中，学生在学习高中数学的过程中也应发挥主体作用。所以对于高中数学建模的学习,教师应该对学生进行适当的指导,帮助其改善传统观念,实现自身角色的转变,提高学生对数学建模的学习兴趣。而且,教师应该充分认识到在数学建模中,结果并不是最重要的,重要的是提高学生建模的兴趣。因此,教师在建模过程中,应关注学生的个体能力差异,合理进行分组,促使学生主动进行合作学习,并充分展示学生的洞察能力、合作能力及解决问题等能力。

新教材中设计了这样一个数学建模活动实例:中国茶文化博大精深,茶水的口感与茶叶类型和水的温度有关。经验表明,某种绿茶用 85 ℃的水冲泡,等到茶水温度降至 60 ℃时饮用,可以产生最佳口感。那么在 25 ℃室温下,刚泡好的茶水大约需要放置多长时间才能达到最佳饮用口感呢? 显然,如果能建立茶水温度随时间变化的函数模型,就能轻松地解决这个问题。所以解答本题时,需要收集一些茶水温度随时间变化的数据,再利用这些数据建立适当的函数模型。

在日常教学中,教师要重视这类问题的教学。通过探究这样的生活问题,让学生明白数学建模就是学习、掌握和应用数学模型解决实际问题的过程,在这个过程中教师要培养学生敢于追求、尝试新方法及主动参与实践的意识。同时,教师可根据学生实践活动中发现的问题,及时进行实例补充,通过不断强化,使学生在日常生活及学习中重视数学,培养学生的数学建模意识。

首先,在教学过程中,教师应注意加强实践性教学,引导学生关注数学建模过程,为广大学生搭建实践操作平台。其次,教师要注重培养学生的计算机应用能力,使学生具备自己动手解决实际问题的能力。因为数学建模主要针对的是实际问题,所以模型的种类较多,在研究过程中需要选择恰当的模型解决实际问题,所以,学习基础的模型,有助于学生掌握建模规律。同时,数学建模也需要进一步开展创新性研究,一方面可以对实际问题进行处理,另一方面可以实现对未来状态的预测,有助于及时发现并解决问题。所以,教学过程中,教师要积极引导学生在实践过程中对数学建模的灵活应用,创新实践,从而进一步优化、完善建模体系。

高中数学选修课中也蕴含着较多的建模知识,教师利用选修课,开拓学生的数学建模思维,培养学生的创新能力。同时,还可专门开设有关数学建模的选修课,给学生详细讲解建模的基本理论和方法,引导学生对数学建模形成综合且全面的认识,学会分析问题和设计问题。例如,在选修课中出现的人口问题、线性规划模型等,能可以用来引导学生初步认识函数建模。教师也可以利用选修课,实现理论和实际生活的有效结合。正是基于上述原因,2016 年,笔者初步开始了"数学建模"校本课程的开发。

第二节　高中数学核心素养之"数学建模"校本课程开发初探

一、研究目标和研究内容

（1）目的及意义:拓展学生的数学应用视野,培养数学建模核心素养,提升创新能力。

（2）已有基础:学校选修课课程设置、MT 管理模式提供制度基础;学生对解决实际问题、数学应用的浓厚兴趣是兴趣和能力基础;数学建模实验室提供了硬件基础;数学建模教材及师资提供了教学基础;与大学合作共建提供了充分的校外资源。

（3）所需条件:授课教室、数学建模活动室场地;自编讲义印刷及建模教材购置。

（4）通过三年的具体授课及对课程内容的科学合理的调整,形成独立系统的、适合高中学生学习的"数学建模"校本课程。

二、研究过程设计（阶段时间划分、阶段达成目标、阶段研究内容、阶段性成果）

1. 准备阶段（2016 年 07 月～2016 年 09 月）

查阅国内外高校使用的有关数学建模的教材,学习其授课模式,制定了初步的、适合高中学生的"数学建模"课程授课模式及内容。

2．研究阶段(2016 年 09 月～2019 年 07 月)

第一阶段：2016 年 9 月～2017 年 7 月，针对青岛二中 2016 级数学 MT 学生正式开设"数学建模"特色课程，每周 2 课时，主要学习建模的初步理论及所需的知识补充。

第二阶段：2017 年 7 月～2018 年 7 月，收集整理授课过程中的问题，及时调整授课内容，形成初步讲义，面对 2017 级数学 MT 学生同步开设"数学建模"特色课程，每周 2 课时，结合学生实际水平组织学生参与国内外数学建模比赛。

第三阶段：2018 年 9 月～2019 年 7 月，继续收集整理授课过程中的问题，及时调整授课内容，继续完善课程讲义，面对 2018 级数学 MT 学生继续开设"数学建模"特色课程，每周 2 课时，分梯队组织学生参与国内外有影响力的数学建模比赛。

3．总结阶段(2019 年 09 月～2019 年 12 月)

重新梳理开设"数学建模"课程三年以来的课堂实例及课后实践成果，将其补充完善到建模讲义中，同时将优秀学生作品整理成集。总结大型赛事前的模拟答辩、以赛代练等环节的经验及模式，形成科学、系统的课程框架及流程。

三、研究阶段及阶段性成果

（一） 成果 1

自编数学建模校本课程讲义"青岛二中数学建模讲义""数学建模——从入门到精通"，目录如下。

1. 学习主题(一)数学建模导论之数学建模概念、意义及相关比赛(1 课时)

(1) 数学建模导论之数学建模的一般流程和简单案例(2 课时)。

(2) 集合应用案例(2 课时)。

(3) 指对幂函数应用案例(2 课时)。

(4) 三角函数应用案例(2 课时)。

(5) 不等式应用案例(2 课时)。

(6) 数列应用案例(2 课时)。

(7) 解析几何应用案例(2 课时)。

（8）立体几何应用案例（2 课时）。

（9）概率应用案例（2 课时）。

（10）统计应用案例（2 课时）。

（11）综合应用案例（2 课时）。

2. 学习主题（二）基于不同目的的建模

（1）评价问题建模（3 课时）。

（2）优化问题建模（3 课时）。

（3）预测问题建模（3 课时）。

（4）解释问题建模（3 课时）。

（5）计算估算问题建模（3 课时）。

（6）聚类降维问题建模（3 课时）。

（7）方案设计问题建模（3 课时）。

（8）其他问题建模（2 课时）。

3. 学习主题（三）数学软件操作及论文写作

（1）EXCEL 数据处理功能介绍及应用（3 课时）。

（2）MATLAB 简介及应用（6 课时）。

（3）PYTHON 简介及应用（4 课时）。

（4）数学建模论文写作规范及关键环节介绍（2 课时）。

（5）优秀建模论文答辩及点评（4 课时）。

4. 学习主题（四）数学建模论文选题及数学建模竞赛

（1）数学建模选题、开题、做题及结题（4 课时）。

（2）数学建模课题展示及答辩（2 课时）。

（3）数学建模竞赛（6 课时）。

（二）成果 2

举办"青岛二中"杯及"山海"杯全国中学生数学建模比赛。

（三）成果 3

编写"青岛二中数学建模优秀论文集"。

（四）成果 4

学生参与国内外数学建模比赛，屡创佳绩：2017"登峰"杯数学建模比赛山东省一、二等奖，2017 美国中学生数学建模比赛一等奖，2017"丘成桐"数学建模分赛区二等奖；2018"登峰"杯全国数学建模比赛一等奖、二等奖，山东省一等奖、二等奖。

第三节　无心插柳
——"青岛二中"杯数学建模比赛

　　"数学建模"校本课程开设的第二年，我便组织学生组队参加了"登峰"杯、"丘成桐"等建模比赛，在每次比赛结束后与学生的交流中，我发现哪怕最终只是获得了三等奖，学生都有很大的成就感，因为当时在青岛市乃至整个山东省，以高中生身份参加数学建模比赛的是少之又少，用学生的话说便是"我们是先行者"。因此，我意识到，我们的以赛代练的策略是正确的，参与数学建模竞赛非常有助于学生串联各种学过的知识，整体反映学生的数学建模能力以及教师的指导水平。多次实践证明，参与数学建模竞赛是一个快速提升数学建模能力的途径，但是国内外适合高中生参与的建模大赛数量有限，同时因为不同比赛的赛制时长不一，会干扰学生的正常在校学习时间，学生及家长对参赛往往有顾虑。那么，能否自主打造一个属于我们自己的建模比赛品牌呢？能否通过开展校级层面的数学建模竞赛，宣传、推广数学建模，让受众群体更为广泛呢？如果设想能够得以实现，我们不仅可以兼顾数学建模课程教学的进度与学生的实际能力水平保持一致，更可以采用灵活的赛制、命制"接地气"的题目，打消家长学生的顾虑，吸引更多的学生参与到数学建模活动中来。

　　说干就干，我通过网络查询搜集了大量国内外知名数学建模比赛的赛制、章程、题目、奖励方式等信息，同时虚心向中国海洋大学、青岛大学、青岛理工大学等数学建模专家请教，通过多次修改、订正，从科学性、严谨性、可行性等方面考虑，最终确定了"青岛二中"杯数学建模比赛的赛制和题目：比赛时长为两天，以论文形式提交比赛作品；比赛题目为双题，赛题 A 采用的是"登峰"杯的原题，而赛题 B 则是源于校园生活中的"跑饭"现象。两个赛题都是引导学生用数学的眼光观察生活，用数学知识思考、解决生活中的问题。

首届"青岛二中"杯数学建模比赛赛题展示如下。

赛题 A(采用"登峰"杯原题)：交通拥堵是绝大多数城镇普遍存在的问题，直接影响人的生活质量。你们所在的城镇也存在拥堵吗？距离理想的智慧城市差距在哪里呢？请充分发挥你们的观察力，设计合理的问题分析路径，总结出你们所在城镇交通拥堵的突出问题(提出好问题，其实非常不容易，其重要性绝对不在解决问题之下)。建议从你们身边感触最深的"痛点"入手，哪怕是聚焦一个路口的交通改善问题。交通拥堵问题是人们普遍关心的，但应对策略见智见仁、众说纷纭，各地采取的对策和措施也不尽相同，而且真正有效解决问题的案例(特别在一、二线城市)实在不多。因为这个问题相当复杂，所以希望你们聚焦研究的重点，不必求全也不要追求使用高深的数学方法，更不要人云亦云，特别不要照搬现成的结论。努力发挥你们的原创精神！

问题 1：根据你们总结出来的问题和你们设定的分析路径，搜集相关数据，特别是关注身边的第一手数据和资料，通过数学建模的方法，分析该问题的成因。

问题 2：在问题初步分析的基础上，通过进一步的数学建模，深入讨论并给出改善交通的长期应对策略和可操作的解决方案。

问题 3：在对问题 1 和 2 进行解答的基础上，思考如何更深入系统地研究这个问题。给出你们的研究计划，同时在初赛结束后检验你们的结论，并按研究计划继续开展你们的研究工作。

问题 4：针对问题 1 和问题 2，结合以上讨论内容，用通俗的语言写一篇不超过一页 A4 纸内容的报告，给城市交通管理部门提供决策参考。

赛题 B：经历了一上午的学习，同学们早已饥肠辘辘。每当结束了一上午的课程，下课铃声响起时，大部分同学都迫不及待地"冲"向食堂，形成蔚为壮观的"跑饭"现象。很显然，早到食堂的学生可以有一系列的福利(包括早点儿缓解饥饿、减少排队时间、优先选择菜品等)，而晚到的则享受不到这些待遇。人群集中的地方，行走或跑步速度会减慢，而人群较分散的地方行走速度较快，但也往往意味着路程较远。当然，影响到达食堂早晚的因素有很多，其中包括班级位置、行走路线、行走速度等(你们还可以考虑更多)，希望你们能够理性分析这些因素，建立数学模型解决以下问题。

问题 1：在不改变学校现有制度的基础上，根据你们小组所在班级的位置,收集相关数据,建立数学模型,选择最优的去食堂的路线和策略。如果需要的话,可以通过图表等形式展示你们的方案。

问题2:建立模型,为高一、高二所有班级的同学制定中午下课去食堂的最优路线和策略。

问题3:考虑安全因素,如何保证学生安全快速地到达食堂？建立模型,考虑如果对学校现有的制度安排做出一些调整,是否会让学生得到更好的午餐体验。

问题4:请分别写两封信给同学和校方管理者,前者提出你们对同学"跑饭"的建议,后者说明你们对学校相关制度的建议。要求语言尽量平实,每封信的内容不超过一页A4纸。

在获得学校批准后,笔者带领数学建模社的学生在宣传栏、东厅、食堂等人流量较大的地方张贴活动宣传海报,很快便得到了高一高二学生的热烈响应,不到两天的时间便有十几只队伍报名参赛。考虑到有些学生可能从未参加过此类比赛,我们又组织了两场赛前培训,一切都在有条不紊地进行着。两天的比赛时间转眼结束,我们收到了所有参赛队伍的参赛作品,看得出每一份作品都是精心准备的。对大部分学生而言,这可能是他们人生中第一次撰写学术论文,第一次知道什么是摘要、关键词、参考文献。我想,比赛的最终结果可能很快会被遗忘,但这次小小的比赛或许能够启迪学生的智慧,帮助学生开启知识探究的大门。

参赛作品节选一

"青岛二中"杯数学建模大赛

赛题 A——关于城市交通拥堵的数学模型的探究

（队员：刘润泽、綦文彬、许鲁丰、陈龙）

摘要：随着经济和城市的高速发展，机动车保有量急剧上涨。城市道路交通拥堵问题已成为困扰世界各大城市的社会问题之一，严重影响着本城市的可持续发展和人们的日常工作与生活。为此，本文总结了导致交通拥堵的原因，从造成交通拥堵的本质原因入手，考虑劲松三路以及合肥路路口的实际情况，采取设置潮汐车道以及调控红绿灯长短的优化手段，建立了函数的数学模型。通过模型一，建立了将汽车拥堵与流体相类比的模型，所得到的结果是交通的拥堵系数与可用车道数成反比，于是可采取增加可用车道数来减缓交通拥堵。通过优化模型二，增加潮汐车道，根据交通的拥堵系数来设置潮汐车道的开放时间，并调整红绿灯时间，从而解决了上下班高峰期十字路口的交通拥堵问题。

本文通过对问题分析探索所得到的优化方案具有更普遍性的结论，期望能够对缓解交通拥堵起到参考作用。

关键词：参数评价 潮汐车道模型 线性函数 函数拟合 类比

目 录

一、问题重述

近来交通拥堵成为绝大多数城市普遍存在的问题，直接影响了人们的生活质量，引起经济损失、环境污染等一系列问题。问题一到问题三要求对此展开讨论，建立模型解决问题，并逐渐提出解决方案，扩大广度和应用性，最后在问题四中呈现出一篇通俗易懂的简报。

二、问题分析

2.1 对问题1、2的分析

通过对题目的分析和对相关数据的查阅，本文发现形成交通堵塞的原因有如下几个方面。

（1）上下班高峰期车流量增加，导致了交通拥堵。

（2）由于道路的宽度有限，导致在车流量较大的情况下，车辆不能在有限的时间内通过易发生拥堵的路口。

（3）由于环境污染，司机视线受到影响，影响了行车的速度，导致了交通的拥堵。

（4）随着经济的快速发展，私家车的数量不断增加，导致了空间上的利用率受限，从而出现了交通的拥堵。

从导致交通拥堵的原因不难看出，为了解决上述问题，调整车辆的运行空间和时间成了主要的研究方向，如何调整上下班高峰期与道路的利用率也是本文要解决的最核心的问题。所以针对交通拥挤的问题，本文采用了模型一，计算出行车的拥堵参数，用拥堵参数来表示拥堵程度。

2.2 对问题3的分析

为了全面、系统地解决交通拥堵的问题，本文对更有代表性的上下班高峰期的十字路口处的拥堵原因进行了以下分析。

（1）上下班的车流量与行人流量的增加，导致车辆与行人并不能在正常的红绿灯时间内完全通过，导致拥堵。

（2）上下班高峰期车流量增加，但车道有限，导致了在行车速度一定的情况下，十字路口的车流量增加，从而导致拥堵。

同时，本文更加深入地考虑到了行车道对交通堵塞的影响。为了解决这个问题，本文采用了模型二，并对其进行优化，利用模型一计算出的拥堵程度和上下班高峰期的相关参数，用函数的方法对其进行分析和解决。建立潮汐车道的模拟架构，使高峰路向的车道得到增加，起到分担堵塞车道压力的作用，做到道路空间利用率的最大化。同时，对信号灯的控制进行优化，调整道路的拥堵情况，从而提出了一个更加完整、可操作性较高的解决方案。

三、模型假设

（1）假设天气状况良好、司机的视线不受前方车辆的阻挡。

（2）假设马路上的所有车车长相同、高度相同，所有车之间车间距相同。

（3）假设不考虑交通事故、房屋拆迁、道路维修、道路管制等行为的影响。

（4）假设只考虑市内车辆的数量，不考虑外地车辆的数量、不考虑节假日对车流量的影响。

（5）假设汽车在启动过程中做匀加速直线运动，行驶中做匀速直线运动，刹车过程中做匀减速运动。

（6）假设南北向的红灯时间为东西向的绿灯时间；假设东西向的红灯时间为东西向的红灯时间，即不考虑全部红灯，只有转弯车辆行驶的情况。

（7）假设所有驾驶员、行人均遵守交通规则。

（8）假设同一路段所有车辆速度相同。

（9）忽略无关因素。

四、符号说明

本文使用的所有符号含义如表 4-1 所示。

表 4-1　符号含义说明

ω	拥堵参数
Q	车流量
ρ	车流密度
n	可用车道数

（续表）

V	车辆速度
V_{MAX}	道路最高限速
C	单位道路上的车辆总数
L	道路长度
n	可用车道数

五、模型建立与求解

5.1　问题 1、2 模型

本文考虑了一系列影响交通拥堵的因素,并通过函数的方法计算出了影响道路拥堵主要因素的影响情况。对此,本文将展开详细描述。

（1）同一车道在车辆数相同的情况下,车速越快越不拥堵;在同一速度下,通过车辆越多越不拥堵。

（2）行车的速度也会给人拥堵的感觉,越慢越拥堵,与最高限速差距越大越拥堵。对每一个结果计算参数打分,1 为最不拥堵,0 为最拥堵,建立拥堵参数,并由此得出计算公式:拥堵参数＝车速/最高限速 $\omega=\dfrac{V}{V_{\max}}$。

（3）将交通流动视为一维流体,以下参数可以类比作流体的流量、密度和速度。（速度 V 表示所有汽车的平均速度）

车流量 Q——时刻 t 单位时间内通过点 x 的车辆数。

车流密度 ρ——时刻 t 点 x 处,单位长度内的车辆数。

车行速度 V——时刻 t 通过点 x 的车流速度。

3 个基本函数之间存在着密切关系。首先可以知道,单位时间内通过的车辆数等于单位长度内的车辆数与车流速度的乘积,即 $Q=V\rho$。其次,车流速度 V 总是随着车流密度 ρ 的增加而减小的。当一辆汽车前面没有车辆时,它将以最大速度行驶,可以描述为 $\rho=0$ 时,$V=V_{MAX}$（最大值）;当车队首尾相接造成堵塞时,车辆无法前进,可记为 $\rho=\rho_{MAX}$（最大值）时,$V=0$。

如果简化假设 V 是 ρ 的线性函数,则有:

$$u=u_m\left(1-\frac{p}{p_m}\right)$$

由此可知，在速度最大值与车流密度最大值固定不变的情况下，车行速度随着 ρ 的减小而增大，并经推理可知：

$$p = \frac{c}{L * n}$$

C——单位道路上的车辆总数

L——道路长度

n——可用车道数

因为道路长度和单位道路上的车辆总数难以改变，所以当通行道路增加的时候，车流密度会相应减少，从而使得车流速度增加，道路拥堵程度也降低。

5.2 模型的改善和推广——问题 3 模型

1. 通过参数评分制度计算出劲松三路/合肥路交叉口的拥堵参数

由于劲松三路、合肥路两旁有较多建筑物，不易拓宽，本文考虑了设置潮汐车道这一解决办法。

根据调查发现：

（1）大多车道的交通拥堵发生在 6：00～8：00 的行车早高峰和 18：00～20：00 的行车晚高峰。

（2）大部分司机在行车速度低于 10 km/h 时会感觉到道路拥堵。

（3）我国普通公路的最高行车限速为 60 km/h。

根据实际情况计算出了一天内平均每小时的拥堵参数，如图 4-1 所示。

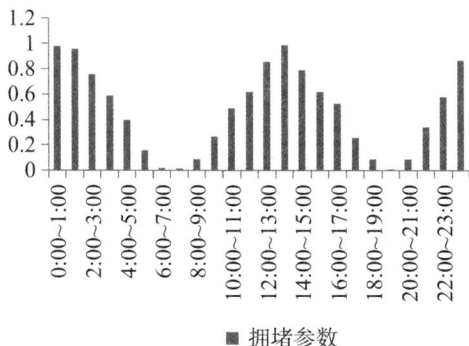

图 4-1　一天内平均每小时的拥堵参数

根据图 4-1 中的数据可以拟合出关于时间段与路段拥堵参数的正弦型函数。函数图像如图 4-2 所示：

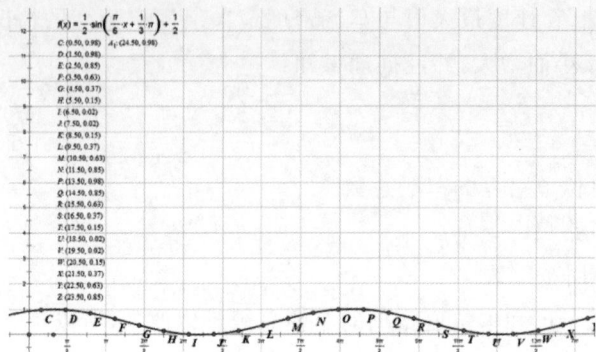

图 4-2 时间段与路段拥堵参数的正弦型函数图象

利用图像计算出 10 km/h 对应的拥堵参数约为 0.167。

由图 4-1、图 4-2 可知，每天的 6：00～8：00、18：00～20：00 两个时段异常拥堵。分析其原因，无非是早晨，人们上班、上学，车流主要从住宅区流向市区；在傍晚，人们纷纷下班、放学回家，车流主要从市区流向住宅区，在短时间内出行数量显著增加，造成道路的拥堵。即使派出交警协助管理，往往也收效甚微。并且，由模型一可知，当行车道增加时，道路的通畅程度会较大提升。所以，本文认为，如果将正常的行车道中的两条改为潮汐车道，那么交通拥堵就会明显减轻。使潮汐车道的通行方向在每天的早晚高峰时变为大量拥堵车辆的行驶方向，来分担其他车道的压力。如图 4-3 所示。

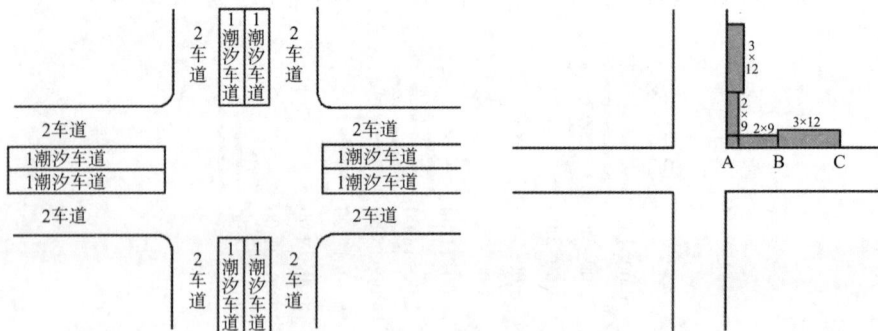

图 4-3 潮汐车道示意图

因此，在早晚高峰，能参与分担车辆压力的车道就会增加，从而减轻了拥堵的程度，达到了最初的目的。

2. 调整红绿灯时间

另外，还可以根据道路的拥堵情况调整红绿灯的时间，这一方法也可以起到疏通交通拥堵的效果。

本文假设图 4-3 两个 2×9 矩形中的人对于过马路有期望。通过查阅资料得知的步行速度大约为 0.75 m/s，设为 v。假设矩形长 s 为 9 m，位于 B 处的人加速至 A 处的平均速度 v_1 为 1.5 m/s，经公式 $t = s/v_1$ 计算所需时间 t_0 为 6 s。假设道路为双向六车道，每个车道宽 s_0 约为 3 m，路中绿化带宽度 s_1 为 2 m，则人步行过马路的距离 $S = s_1 + 6s_0 = 20$ m，时间 t_1 约为 27 s。另外假设两个 3×12 矩形末端 C 处的人加速至 A 点的时间 t_2 为 9 s，则对于汽车，总共所需红灯时间 $t = t_1 + t_2 - t_0 = 36$ s。因此，本文采用通过增加绿灯的时长来调整上下班高峰期汽车的拥堵程度。

在正常条件下，路口绿灯时间为 35 s，则为了缓解交通拥堵的程度，可以将绿灯时间调整至 55 s。

六、模型评价

6.1　优点分析

（1）本文利用了准确的数据，保证了数据的真实性。

（2）本文利用了几何画板和函数模型的构建来解决问题，直观表达了解决思路。

（3）本文构建的数学模型可操作性高，对未来的交通问题能够有一定帮助。

6.2　缺点分析

（1）本文考虑的影响因素不全面。

（2）本文构建的模型对城市的郊区不适用，只对城市中心及其周围道路适用。

七、参考文献

［1］上海市中学生数学知识应用竞赛组织委员会. 高中应用数学选讲［M］. 上海：复旦大学出版社，2015.

［2］上海市中学生数学知识应用竞赛组织委员会. 中学数学建模与赛题集锦［M］. 上海：复旦大学出版社，2014.

［3］吴望一. 流体力学［M］. 北京：北京大学出版社，2006.

参赛作品节选二

"青岛二中"杯数学建模比赛

B题——关于食堂"跑饭"的数学建模与模拟

作者：董傲、全建良、王嘉勋、吕晓军

　　摘要：本文主要讨论了中午食堂"跑饭"最短时间的问题，运用物理学知识，建立了"跑饭"所需时间最短的数学物理模型，将数学知识转化为物理知识。可以随之解决最短路线、最短时间等问题。

　　因题目开放性较强，所以本文按照实际，控制部分变量。影响到达食堂时间的因素有人的初速度、人的加速度、路程距离、人流密度、楼梯数量。为了更加直观地剖析研究，我们建立了教学楼到食堂的路线模型，并将之转化为物理公式。由此，可以将所需时间转化为路程和速度，并根据加速度、人流密度等因素求出最终到达食堂所需时间。

　　最终，我们选定了五条路径，通过对其表达式的推导，结合实测数据，最终求出了各班跑到食堂的最优路径。

　　关键词：最优路线设计 人流密度模型 数学建模

目　录

第一章　问题重述

一、题干

假设我们是青岛二中高一年级或高二年级某班的学生，我们需要在上午第五节课下课后以最短的时间赶到食堂打饭，即为"跑饭"。已知有班级位置、行走路线、行走速度、人流密度、路线、安全程度等影响因素。我们要制定最恰当的"跑饭"策略，力求用最短的时间和最安全的方式到达食堂。

二、问题

（1）在不改变学校现有制度的基础上，根据我们小组所在班级的位置，收集相关数据，建立数学模型，选择去食堂最优路线和策略。

（2）建立模型，为高一、高二所有班级的同学制定中午下课吃午饭的最佳路线和策略。

（3）考虑安全因素，如何保证学生安全快速地到达食堂？建立模型，考虑如果对学校现有的制度安排做出一些调整，是否会让学生得到更好的午餐体验或者有多大程度的改善。

（4）请分别写两封信给同学和校方管理者，前者提出对同学"跑饭"的建议，后者提出对学校相关制度的建议。

第二章 引言

经过了一上午的学习,同学们早已饥肠辘辘。每当结束了一上午的课程,下课铃声响起时,大部分同学都迫不及待地冲向食堂,形成蔚为壮观的"跑饭"现象。很显然,早到食堂的学生可以有一系列的福利(包括早点儿吃完饭、减少排队时间、优先选择菜品等),而晚到的同学则享受不到这些待遇。

午饭对于同学们下午的学习和生活都有非常大的影响,在此我们将根据班级的实际位置,通过分析和计算,讨论"跑饭"的最佳路线和策略,模拟人群的走向及人流速度,力求以最短的时间到达食堂,给同学们更好的用餐体验。

本文考虑到多种影响因素,进行了多次试验,并得到了在一定误差内的基本正确的结果,具有较高的理论价值和实际意义,普适性较强,具有较高的探索性。

第三章　问题剖析(含假设)

　　从教学楼到食堂有多种路线，其路程、转弯数、人数都不同，因此时间也不同。我们可以通过对每一小段路线的运动时间分析计算，求出每一条路线所需的时间，进而将"跑饭"路线问题转化为最优解问题及运筹学的路程问题，从而规划出最优"跑饭"路线。

　　从教学楼跑到食堂有多种路径，在每一条路径上的运动过程可近似地看作是匀变速直线运动和匀速直线运动的结合，同时受到人流密度的影响。每个人都会根据自己的喜好和习惯，选择一条基本固定的道路前往食堂，因此每一时刻每条路径上的人数及人流密度基本确定。由于个体差异较大，在"跑饭"过程中，影响路径选择的因素很多，一般来说，除了时间因素外，还有体力因素、感观因素(道路状况等)。因此，所建模型应既考虑不同同学的个性要求，又要满足大多数同学的"跑饭"要求。但这些因素又相互影响、相互制约，所有单目标下的最佳出行线路并不能满足大多数同学的需求，因此，建立综合最佳线路的评价准则及最佳出行线路选择模型是非常有必要的。

第四章　模型假设

为了建立最快"跑饭"路线的数学模型，做出以下内容假设。

（1）假设每一位同学的加速度相同，最大速度相同。

（2）每一条道路的地面情况相同且均为良好，即在每一条道路上的运动情况相同。

（3）每一个拐角的运动过程相同，经历每一个拐角所耗时间大致相同。

（4）全教学楼 1600 人中约有 1300 人到食堂吃饭，且均从教学楼东厅出教学楼。

（5）在"跑饭"过程中不会出现如跌倒、扭伤等意外情况。

（6）每个班级的任课老师都不会出现较长时间的拖堂情况，使班里的同学可以在正常的时间内到达东厅。

（7）每位同学的体力均可满足教学楼到食堂这一段路程，不会出现较大的减速情况。

（8）经实测，人的加速度是 $2.042 \ \text{m/s}^2$，可近似地看作 $2 \ \text{m/s}^2$。

（9）为保证同学们在"跑饭"时的安全，设定同学们的最大速度为 $6 \ \text{m/s}$。

第五章　符号说明

序号	符号	说明
1	T	整个跑饭过程的总时间
2	v_0	人在理想情况下的最大速度
3	a	人在理想情况下的加速度
4	T_n	通过各路段所需的时间
5	ρ	总人流密度
6	ρ'	各路段人流密度
7	N	跑饭路上的人数
8	λ_x	各路段人流阻力系数
9	x_n	第 n 段路程的距离
10	a_2	上楼梯时的加速度
11	N_m	每条路上所能承受的最大人数
12	L	楼层数

第六章　模型建立与求解

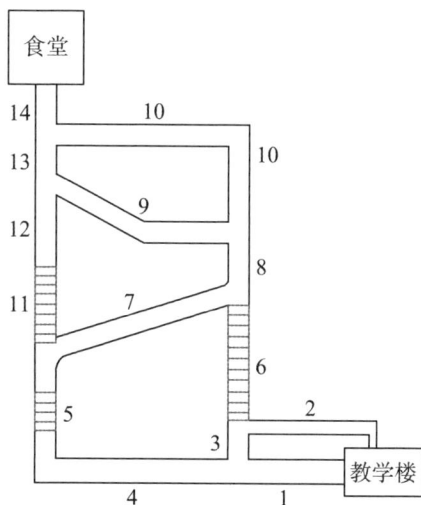

图 4-4　教学楼至食堂的路线模型

5.1　各路段通过所需的理想时间

1. 路段 $T_1 = \sqrt{\dfrac{2x_1}{a_1}}$

2. 路段 $T_2 = T_1 + T_3 = \sqrt{\dfrac{2x_1}{a_1}} + \dfrac{x_2}{v_0}$

3. 路段 $T_3 = \dfrac{x_2}{v_0}$

4. 路段 $T_4 = \dfrac{x_4}{v_0}$

5. 路段 $T_5 = \dfrac{x_5}{2v_0} + \dfrac{\sqrt{a_2 x_5 + v_0} - v_0}{a_2}$

6. 路段 $T_6 = \dfrac{\sqrt{a_2 x_6 + v_0^2} - v_0}{a_2}$

7. 路段 $T_7 = T_1 + \dfrac{x_7 - x_1}{v_0} = \sqrt{\dfrac{2x_1}{a_1}} + \dfrac{x_7 - x_1}{v_0}$

8. 路段 $T_8 = \sqrt{\dfrac{2x_8}{a_1}}$

9. 路段 $T_9 = T_7 = T_1 + \dfrac{x_7 - x_1}{v_0} = \sqrt{\dfrac{2x_1}{a_1}} + \dfrac{x_7 - x_1}{v_0}$

10. 路段 $T_{10} = T_1 + T_4 = \sqrt{\dfrac{2x_1}{a_1}} + \dfrac{x_4}{v_0}$

11. 路段 $T_{11} = \dfrac{\sqrt{2a_2 x_1 + v_0^2} - v_0}{a_2}$

12. 路段 $T_{12} = \dfrac{x_{12}}{v_0}$

13. 路段 $T_{13} = \dfrac{x_{13}}{v_0}$

14. 路段 $T_{14} = \dfrac{x_{14}}{v_0}$

5.2　人流密度模型

1. 教学楼外人数与时间的关系

经实际调查考证,教学楼外人数与下课时间有一定关系,如图 4-5 所示。

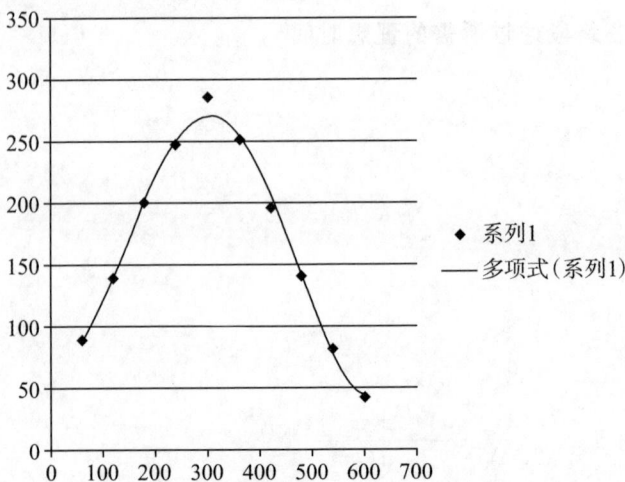

图 4-5　教学楼外人数与下课时间关系图

可视为"跑饭"路上的人数（N）与时间（t）大致有如下关系：

$$N = f(t) = 3 \times 10^{-8} x_4 - 4 \times 10^{-5} x^3 + 0.012 x^2 - 0.471 x + 80.33$$

2. 各楼层班级到达东厅的时间

结合不同楼层班级到达东厅时间不同及各级部拖堂时间的长短，大致可得到班级所在楼层与到达东厅的时间有如下关系：

$$t = \frac{x_{\text{班}}}{3} + 15L - 30$$

3. 总人流密度的定义式

据调查结果可知，"跑饭"路上的学生很难在某一时刻达到 300 人，故以 $N_m = 300$ 定义为道路上最大可容纳人数，故定义总人流密度 $\rho = \dfrac{N}{N_m}$。

4. 各路段人流密度定义式

因每位同学习惯不同，且受从众心理的影响，每条路径上聚集的人数不同。据调查分析可知，同一时刻每段路径上的人流密度与标准人流密度有如下关系式：$\rho' = \lambda_x \rho$，其中，λ_x 表示路段 1～14 上各路段人流阻力系数（人流密度与总人流密度的比值）。

5. 人流密度对"跑饭"时学生运动时间的影响

在人流密度为零的情况下，通过某一路段所需的时间为理想时间，随人流密度的增加，通过时间增加，由此得出如下关系式：$t(1+\rho')T$。

5.3 各路线所需时间

1. 可能选择的路线

（1）1—4—5—11—12—13—14。

（2）1—3—6—8—9—13—14。

（3）1—3—6—8—10—14。

（4）2—6—8—9—13—14。

（5）2—6—8—10—14。

2. 各路线总时间

（1）路径 1。

$$t_1 = \left(1 + \frac{\lambda_1 f(t)}{N_m}\right)\sqrt{\frac{2x_1}{a_1}} + \left(1 + \frac{\lambda_4 f(t)}{N_m}\right)\frac{x_4}{v_0}$$
$$+ \left(1 + \frac{\lambda_5 f(t)}{N_m}\right)\left(\frac{x_5}{2v_0} + \frac{\sqrt{a_2 x_5 + v_0} - v_0}{a_2}\right)$$

$$+\left(1+\frac{\lambda_{11}f(t)}{N_m}\right)\frac{\sqrt{2a_2x_1+v_0^2}-v_0}{a_2}$$

$$+\left(1+\frac{\lambda_{12}f(t)}{N_m}\right)\frac{x_{12}}{v_0}+\left(1+\frac{\lambda_{13}f(t)}{N_m}\right)\frac{x_{13}}{v_0}+\left(1+\frac{\lambda_{14}f(t)}{N_m}\right)\frac{x_{14}}{v_0}$$

（2）路径2。

$$t_2=\left(1+\frac{\lambda_1f(t)}{N_m}\right)\sqrt{\frac{2x_1}{a_1}}+\left(1+\frac{\lambda_3f(t)}{N_m}\right)\frac{x_2}{v_0}$$

$$+\left(1+\frac{\lambda_6f(t)}{N_m}\right)\frac{\sqrt{a_2x_6+v_0^2}-v_0}{a_2}$$

$$+\left(1+\frac{\lambda_8f(t)}{N_m}\right)\sqrt{\frac{2x_8}{a_1}}$$

$$+\left(1+\frac{\lambda_9f(t)}{N_m}\right)\left(\sqrt{\frac{2x_1}{a_1}}+\frac{x_7-x_1}{v_0}\right)$$

$$+\left(1+\frac{\lambda_{13}f(t)}{N_m}\right)\frac{x_{13}}{v_0}+\left(1+\frac{\lambda_{14}f(t)}{N_m}\right)\frac{x_{14}}{v_0}$$

（3）路径3。

$$t_3=\left(1+\frac{\lambda_1f(t)}{N_m}\right)\sqrt{\frac{2x_1}{a_1}}+\left(1+\frac{\lambda_3f(t)}{N_m}\right)\frac{x_2}{v_0}$$

$$+\left(1+\frac{\lambda_6f(t)}{N_m}\right)\frac{\sqrt{a_2x_6+v_0^2}-v_0}{a_2}$$

$$+\left(1+\frac{\lambda_8f(t)}{N_m}\right)\sqrt{\frac{2x_8}{a_1}}$$

$$+\left(1+\frac{\lambda_{10}f(t)}{N_m}\right)\left(\sqrt{\frac{2x_1}{a_1}}+\frac{x_4}{v_0}\right)+\left(1+\frac{\lambda_{14}f(t)}{N_m}\right)\frac{x_{14}}{v_0}$$

（4）路径4。

$$t_4=\left(1+\frac{\lambda_2f(t)}{N_m}\right)\left(\sqrt{\frac{2x_1}{a_1}}+\frac{x_2}{v_0}\right)+\left(1+\frac{\lambda_6f(t)}{N_m}\right)\frac{\sqrt{a_2x_6+v_0^2}-v_0}{a_2}$$

$$+\left(1+\frac{\lambda_8f(t)}{N_m}\right)\sqrt{\frac{2x_8}{a_1}}+\left(1+\frac{\lambda_9f(t)}{N_m}\right)\left(\sqrt{\frac{2x_1}{a_1}}+\frac{x_7-x_1}{v_0}\right)$$

$$+\left(\frac{1+\lambda_{13}f(t)}{N_m}\right)\frac{x_{13}}{v_0}+\left(\frac{1+\lambda_{14}f(t)}{N_m}\right)\frac{x_{14}}{v_0}$$

（5）路径 5。

$$t_5 = \left(1 + \frac{\lambda_2 f(t)}{N_m}\right)\left(\sqrt{\frac{2x_1}{a_1}} + \frac{x_2}{v_0}\right) + \left(1 + \frac{\lambda_6 f(t)}{N_m}\right)\frac{\sqrt{a_2 x_6 + v_0^2} - v_0}{a_2}$$

$$+ \left(1 + \frac{\lambda_8 f(t)}{N_m}\right)\sqrt{\frac{2x_8}{a_1}} + \left(1 + \frac{\lambda_{10} f(t)}{N_m}\right)\left(\sqrt{\frac{2x_1}{a_1}} + \frac{x_4}{v_0}\right)$$

$$+ \left(1 + \frac{\lambda_{14} f(t)}{N_m}\right)\frac{x_{14}}{v_0}$$

5.2 求解最优路线

带入数值，$x_1 = 9$ m，$x_2 = 12$ m，$x_3 = x_{13} = x_{14} = 3$ m，$x_4 = x_7 = x_9 = 15$ m，$x_5 = x_6 = 5$ m，$x_{11} = x_{12} = 6$ m，$x_8 = 4$ m，$x_{10} = 20$ m，可得：

（1）当 $L = 3$ 时，路线 1 所需时间最短，故我班及三楼班级应走此路线。

（2）当 $L = 4$ 时，亦为路线 1 所需时间最短，故四楼班级亦走此路线。

（3）当 $L = 5$ 时，路线 2 所需时间最短，故五楼班级应走此路线。

（4）当 $L = 6$ 时，路线 4 所需时间最短，故六楼班级应走此路线。

第七章　优缺点分析

在本次数学建模中，我们的优点有如下几个方面。

（1）充分利用物理知识，运用数学思维，建立数学模型，解决了"跑饭"这一相对复杂的实际问题，并得出了与实际基本相符的结果，成功寻找到最优路线。

（2）将复杂的路线选择问题分解为许多相对简单的部分，逐一求解并求和，通过比较找出答案。

（3）通过实测获得必要数据，使得结果在较小的误差范围内显得真实可信。

（4）建立函数，通过数据拟合的方式得到所需图像，利用计算机求得函数表达式并加以运用。

然而，本次建模也存在一定缺陷，如因测量时间有限使数据存在一定误差，建模过程中因经验不够丰富导致进度较慢等问题，但好在及时进行了调整。

望老师提出宝贵意见，也希望老师能给我们一个机会，今后能够更好地参与建模，谢谢！

第八章　写给校领导和同学们的信

尊敬的校领导：

　　经过一上午的学习,当第五节课的下课铃声响起,饥肠辘辘的同学们都会迫不及待地冲向食堂,形成了"跑饭"这一现象。"跑饭"现象的成因,从根本上来说是学校相关制度存在不足:先到的学生就拥有了食堂的"优先选择权",可以选择自己喜爱的饭菜,减少排队时间;相反,晚到的学生只能被动选择饭菜。学校那么多人,不可能每一个人都吃上自己喜欢的饭菜,所以必然使有的同学吃得不好,甚至导致有的同学怕麻烦不去吃饭的情况时有发生,这样一来,下午的状态必然不好,影响学习及生活。所以,我们数学建模小组在这里提出以下几条建议。

　　(1)希望食堂能够错时开放,例如 12：00 开放一楼食堂,12：05 开放二楼食堂,12：10 开放三楼食堂。这样,晚到的学生就不会因为排队过长而吃不到喜欢的饭菜了。

　　(2)希望食堂四个餐厅能有更多不同的菜式,而且在开饭前把每个餐厅的菜式及餐厅开放时间都写在食堂一楼进门右边的黑板上。这样同学们就可以直接去对应的楼层吃自己喜欢的饭菜,不必再费劲儿挤到人群前面去看。

　　(3)食堂工作人员可以在发放完饭菜后记录下每种菜的销售情况(销售速度,销售量等),根据数据可以得到哪些菜比较受欢迎,哪些不受欢迎,以此来决定增大或减少某种饭菜的制作量,在节省成本的同时迎合同学的需求。

　　以上,便是我们数学建模小组所持拙见,请各位校领导稍加斟酌。

此致

敬礼

教师点评:通过上述两个参赛作品可以看出,学生的理论水平令人惊艳,作为接触数学建模不久的学生而言,能写出这种程度的报告是非常了不起的。还要特别指出的是，这届比赛的评委是来自北京大学、清华大学、复旦大学、北京师范大学的 7 位青岛二中的优秀毕业生，他们均在大学期间参加过全国大学生建模比赛并取得了不俗战绩，能担任母校的建模比赛评委，他们也是非常高兴、非常自豪的。因为青岛二中在高中数学建模所做的创新性举措和引领示范作用具有很好的社会影响，在此也感谢这些可爱的学生们。最后想说的是，"青岛二中"杯是第一届也是最后一届，因为鉴于这次比赛的成功举办，此项赛事现在已升级为"山海"杯全国高中数学建模比赛，参赛范围也从校内变成面向全国高中生。但是作为一个拥有诸多"第一次"的比赛，它是应该被我们记住的。

第四节　实践分享
——核心素养导向下数学建模的教与学

数学建模和数学探究是为了解决数学教学中的不足（重做题轻思维、重结果轻过程、评价方式单一等）而逐步建立发展起来的一种课程形态。其教学过程可以弥补数学教学中的不足，其教学的重点由关心教师的教学转向关心学生的学习，学生的学习方式则更加重视探究、实验、讨论、交流、合作，教与学的关系更加融洽。

在最新的人教版 A、B 版教材中，数学建模、数学建模活动都已明确设置课时安排，如何上、怎样上好数学建模课是摆在每位数学教师面前亟待解决的问题。青岛二中在数学建模课堂教学方面做了大量探索实践，积累了丰富的经验，例如，函数与导数章节中的最优化问题、身高与体重的关系问题，三角函数章节中的某地气温预测问题，解三角形章节中的旗杆、教学楼高度测量问题，数列章节中的存款利率问题，不等式章节中的如何让衣服洗得更干净问题等。下面笔者将从课堂教学及课后拓展两个方面做简要分享。

一、充分挖掘使用教材，落实数学建模课堂教学

回顾我们的课堂，数学建模教学大致经过了这样几个推进层次。

层次一：教师或教材给出实际问题，带领（教材是引领）学生完成数学化的、简单具体的数学应用。

与旧版教材相比，新教材人教 A 版高中数学必修第一册提供了大量的函数模型应用，这些题目逐渐摆脱刻意设计的数学情境、便于运算的理想数据，而是与生产生活紧密相关，提供符合实际意义的数据，甚至是大数运算，这些题目往往变量单一明确，学生可以套用已知的、确定的数学模型直接求出有实际意义的结果。在实际教学中，教师应重视并使用好这些题目，以便帮助学生了解熟悉的数学模型的实际背景及其数学描述，了解数学模型中的参数、结论的实际含义，并且通过函数模型经验的积累，引导学生从模仿开始，模仿学过的数学建模过程解决问题，为其下一步自主进行建模活动奠定基础。例如，A 版教材函数应用小节的例 3，这道题目介绍了著名的马尔萨斯人口增长模型 $y=y_0 e^{rt}$，它是一个底数为 e 的指数型函数，若通过这个题目让学生知道假设一个量的变化与自身大小相关，那么这类问题往往会让我们必须引入关于 e 的指数或对数型函数（如生物领域的种群数量变化问题，化学中的放射性核素数量、物理中的简谐振动等），那么再遇到类似的实际情境，学生便会很自然地模仿使用这种函数。

层次二：教师或教材给出问题情境，学生自主提出实际问题，师生一起完成建立模型和模型求解的主要过程的教学活动。

在建模活动初期，因为教师和学生都没有足够丰富的实践经验，我们可以尝试"片段化"建模，即将数学建模的某个主要环节在课堂中呈现。例如，在《正弦函数的图象与性质》这节课上，笔者将正弦函数图象应用这一环节设计成了建模活动——某地区一年中白昼时间估计问题。学生通过网络上的数据资源，经历了画散点图、模型分析、模型求解（正弦、二次函数）、误差分析等活动，以小组为单位交流汇报，相互评价，取得了良好的教学效果。同时，我们还注重挖掘使用教材，通过改编题目，让学生时刻感受数学建模的无处不在。例如，高中教材中的"无盖方形盒子的最大容积问题"：一边长为 a 的正方形铁片，铁片的四角截去四个边长为 x 的小正方形，然后做成一个无盖的方形盒子。

（1）试把方盒的容积 V 表示为 x 的函数。

（2）当 x 多大时，方盒的容积 V 最大？

【数学建模情境】

"今天小华和John在一起嗑瓜子聊天，需要一个盒子来放瓜子皮，现在他们手头有一张硬纸壳和一卷胶带，我们怎样利用眼前的这些工具来做一个瓜子盒呢？"通过改编前后对比，可以让学生深刻感受从实际问题抽象成数学问题的两个重要环节：

（1）简化情境并提出问题。

（2）将问题的条件和问题数学化。

通过这一阶段中不断地摸索尝试，学生逐渐学会从情境中自主提炼出数学问题，确定主要变量关系，在老师的帮助下，使用较多的知识、公式、关系、技巧来解题；学会使用估算、近似求解等手段得到结果，计算结果和实际情境有较大差异时，可以自行分析解读结果，切实达到提高学生数学建模素养的效果。同时，这种授课方式也极大地提高了教师对数学建模教学的认知层次和实践水平。

层次三：全过程（选题、开题、做题、结题）、学生部分自主（发现提出问题，模型的选择和建立，求解模型，给出模型结果的解释，教师部分参与，给予指导和支持）的数学建模活动。

作为入门案例，我们针对高一学生开设了一节"全过程"的数学建模课——身高与体重的关系研究（实际操作中的选题环节，教师可引导学生观察身边的生活现象，选择一个自己感兴趣的内容研究，经过共同分析、讲解、讨论，确定题目）。开题时，学生从网络上找到了大量的与身高、体重相关的资料（数据统计表、近似函数关系、目前已有的研究成果等），决定从身边入手，研究我校学生身高与体重的关系。学生从医务室收集到了全校学生的身高、体重数据，通过对三个年级男女生的详细数据进行分析，学生发现性别因素对数据影响较大，最终将研究对象确定为"男生的身高与体重关系"。接下来的做题环节，学生通过分层抽样的方法，生成多组样本数据，最终选择了一组较有代表性的样本进行总体估计。经过课堂上的自主探究、合作学习、推证演算、观察分享等实际操作环节，学生体验了真实具体地解决问题，而在这个阶段中，教师要注意观察学生的表现，及时帮助有困难的学生和学习小组，鼓励学生的思考和创新，记录学生真实解决问题的过程，发现其中的问题和生成性的课程资源，进而落实课程目标的要求。结题学生通过自己的努力，基本上解决了预设问题后，建模和探究活动并没有结束，简单的教师点评往往会使收获大打折扣。结题环节中,教师应该充分给予学生一个表达、展示、交流的机会,制作一个合理科学的评价量表,引导学生分组交流研究结果、过程说明、学习体会或者新的发现等,最终通过自评、互评,进行评价。同时,教师应对学生明确提出结题写作内容的要求,它可以是一份文字形式的有求解过程的报告,也可以是一份可以在班内交流的PPT,让学生尽量体验数学建模的完整过程。

二、自主搭建拓展平台,开发数学建模校本课程

2016 年,青岛二中摒弃传统的平行分班制,实行"五位一体"的创新管理模式,高一数学 MT 汇集了一批喜爱数学、擅长数学的学生,面对这样一个优秀的群体,我们正式开设数学建模特色课程。

（一）课程背景

（1）"21 世纪技能"强调解决问题能力与合作交流能力,数学建模已成为一项重要的"数学技术"。

（2）新课程标准中高中数学核心素养包括数学抽象、逻辑推理、数学建模、运算能力、直观想象、数据分析。

（3）数学建模课程的学习和实践有助于培养学生的创新意识和实践能力,培养其合作精神。

（4）大学生数学建模竞赛是全国规模最大的科创竞赛,这种竞赛也正慢慢走进高中,作为岛城乃至全国名校,青岛第二中学应处于引领地位。

（二）课程内容体系

（1）高中数学知识的应用:基于数学知识解决初等数学问题。

（2）基于不同问题类型进行建模:评价、预测、优化等问题。

（3）论文撰写、软件操作及建模竞赛。

（三）课程形式

（1）课堂授课:教师讲解基本原理、经典案例,并引导学生熟悉数学建模的思想、方法和流程。

（2）课后实践:依托数学实验室,提升学生的信息获取能力、软件操作能力和论文写作能力。

（3）竞赛与交流:积极组织学生参与国内外数学建模比赛,定期邀请高校专家进行指导和点评。

（四）课程开发过程

第一阶段：模仿大学课程。大学中数学建模课程已开展多年，有成熟的课程体系和教材。结合高等数学建模方法和案例，讲解建模流程和方法。这一阶段基本搭建了数学建模课程的授课框架，即以案例教学为主要的教学方式，介绍数学应用知识，掌握建模的一般方法。

第二阶段：课程教学本土化。基于高中数学学习主线（函数、几何与代数、概率与统计），优化案例呈现的顺序。同时设计建模能力的三级提升路径（数学应用题——建模经典题——实际生活题），渐进式提升学生建模能力。开发建模案例，自编校本教材。这一阶段初步形成了基于高中数学学习的数学建模课程体系，明确了教学目标、教学方法，开发了更多教学资源。

第三阶段：学生培养体系化。在横向上，完善了教学——培训——竞赛指导三环节的学习支持。指导学生论文写作和现场答辩能力，提升学生的表达沟通素养。在纵向上，基于学生的建模基础，将课程分为建模普及班和建模精英班，满足不同学生的不同发展需求。

（五）课程评价

制定课程评价量表，分为过程性评价与终结性评价两部分，每学期期末以课题小组为单位进行答辩展示，并以 PPT、论文等形式提交最终的课题报告。

通过课堂落实、课后拓展，引导学生能够全过程、全自主（自主发现提出问题，自主完成数学化的建模过程，自主求解模型，自主给出模型结果的解释，整个过程中自主决定是否寻求教师的帮助）地参与完成数学建模活动。

课程效果：数学建模课程的开设大大激发了学生运用数学知识解决实际问题的兴趣，培育了其数学核心素养，使得一些建模能力强、兴趣高的学生脱颖而出，发展了特长，为未来的专业选择确立了方向。从 2017 年开始，我们陆续组织学生参加了"登峰"杯、"丘成桐"科学奖、"美国高中生数学建模竞赛"等国内外建模比赛，取得了优异成绩。2018 年，为了增加学生以赛代练的机会，增进与省内外名校的交流，青岛二中创设了"山海"杯高中生数学建模竞赛，省内外 20 余支队伍参加了此次比赛，我们邀请了中国海洋大学数学学院负责数学建模的专家教授担任评委，并首次采用了现场答辩的决赛形式。2019 年 5 月，第二届"山海"杯如期举办，此次活动邀请了来自中国海洋大学、青岛大学、青岛理工大学的建模专家，同时还获得教科院两位教研员老师的大力支持,取得了良好的社会反响。

我想,通过教师层层递进的精心设计、悉心引导,数学建模教学一定会扎根课堂,落到实处,而学生最终也一定会实现从单纯学习知识方法到获得数学活动经验、提升能力素养、感悟数学魅力和价值这一最终培养目标。

第五节　数学建模课堂教学的实践与反思

数学建模的教学不同于传统数学课程的教学,它是为了解决教学中重做题轻思维、重结果轻过程、评价方式单一等不足而逐步建立发展起来的一种课程形态。其教学的重点由关心教师的教学转向关心学生的学习,学生的学习方式则更加重视探究、实验、讨论、交流、合作,这对学生创新能力的培养大有裨益,使教与学的关系也更加融洽。

一、坚守初心,踽步踏歌

在数学建模的实际教学中,笔者常常会被下列问题所困扰:一节建模课多长时间合适?哪些案例适合高中生进行建模学习?在讲授拓展知识的时候如何把握合适的"度",讲深讲难是否会增加学生的负担,冲淡主要知识的学习?而解决这些问题,不仅需要理论层面的指导,更需要实践上的不断探索和改进。近几年,在青岛市教科院教研员老师的支持和指导下,笔者和团队老师群策群力,在数学建模课堂教学中做了大量有意义的探索实践,同时在省、市教研活动及学校教学工作会议开设数学建模交流展示课;笔者开设了"三角函数与气温预测"课程,和学生一起探索天气的周期性变化与周期函数的关系,建立数学模型来预测青岛当地气温的变化情况;孙云涛老师在省级公开课上引导学生通过多种方法预测茶水温度的变化,不仅关注学生得到的结果,更关注学生在探究结果过程中的过程性评价;吕恒老师从传统的储蓄问题出发,创设问题情境,通过层层设问引导学生深入探讨数列在建模中的应用,极大地激发了学生学习兴趣。鉴于我校在数学建模教学方面所取得的成绩,2019 年,我校被授予京师数学建模教育中心山东分中心、实践基地称号,为我校的建模教学实践提供了更加丰富的资源及平台,也更加坚定了我们继续进行教学实践的信心。

二、精心设计课堂流程,关注过程性评价

在建模活动初期,因为教师和学生都没有足够丰富的实践经验,我们开始尝试"片段化"建模,即将数学建模的某个主要环节在课堂呈现。在我校,"高度、距离的实际测量"室外课已成常态,在学完正余弦定理后,校园里的钟楼、慈龟山的高度,无之海、教学楼的宽度都会成为学生们测量的对象,在这节课中,教师完全成为一名课堂"观察者",记录着每一小组的分工是否合理、方法是否科学,每个学生的参与是否积极主动,提出的解决方法是否科学高效。测量结束后,师生重回教室,教师继续引导学生分组进行成果交流、过程说明、学习体会、新的发现等展示活动,最终通过展示过程中学生在倾听、分享、质疑、批判环节的表现完成自评、互评、师评等过程性评价。这种评价方式不再是单纯地以解题对错来评价学生的学习效果,而是关注学生学习的全过程,通过课堂实施环节的创新性设计,让所有学生更加鲜活灵动地参与到课堂中,让每一个学生都学有所获。

三、聚焦实际问题,突破难点教学

因为受课时影响,教师往往会将数据收集整理、模型建立、成果二次修改及完善等环节放在课下完成,而描点、求解函数、模型检验等主要环节在正课时呈现,长此以往,学生会感觉数学建模无非就是描描点、求个近似函数,再估算检验即可。但实际上,建模过程中学生遇到的最大难点往往是如何把实际问题抽象成数学问题,因为在实际生活中,影响结果的因素往往是多元的,这就需要教师引导学生学会如何从繁杂的情境中自主提炼出数学问题,确定值得研究的主要变量关系,即完成以下两个重要环节。

(1)简化情境并提出问题。

(2)将问题的条件和问题数学化。

针对这种情况,笔者也多次进行了设计与尝试:例如新教材人教 A 版高中数学必修第一册中的"茶水最佳饮用时间"问题,这个案例取材于生活,角度新颖,但在初次接触这类问题时,学生往往感到无从下手,教师可以层层

设问，帮助学生完成破题环节：茶的种类是什么？何为最佳？时间与哪些量有关？这里面有数学问题吗？通过大量前期调研，学生找到了影响茶水口感的若干因素，再从中确定两个主要因素：茶叶类型、水的温度，然后通过大量实验记录不同茶叶的最佳口感温度，最终选定以崂山绿茶为研究对象。我们抽象出的数学问题是：茶水温度随时间变化规律，其实验假设包括以下3个方面。

（1）室温不变。

（2）茶与水的比例相同。

（3）不考虑环境的影响。

正是通过逐步渗透、递进式的训练，最终使学生从被动学习变为主动获取，获得数学活动经验、提升能力素养、感悟数学魅力和价值。

四、以赛代练，成绩斐然

"数学建模"课程建设初期，笔者和团队老师就创造性地提出了"显隐结合，教学扬长，备赛激短"的指导方针。"显隐结合"是指既要把握住核心素养教育中可教、可学的外显部分，又要关注其无声无形，但可感、可知的内隐部分；"教学扬长"是指通过教育教学任务巩固数学建模能力培养中的长期效应；"备赛激短"是指通过竞赛的刺激，激发学生数学建模能力培养中的短期效应。

"一次参赛，受益终生"。我们每年都会带领学生组队参加知名度高的赛事，比如"登峰"杯数学建模比赛、"丘成桐"中学科学奖、美国高中生数学建模比赛、国际高中生数学建模比赛等，利用比赛的竞技性，促使学生全身心投入，不断精进数学建模能力。为了进一步促进和激发学生们对数学建模的热情，2017年起，笔者和团队老师自主创办了"青岛二中"杯数学建模比赛，每一年都邀请中学和高校的数学教师齐聚一堂，就建模研教学开展现场研讨，让与会的每位老师都收获满满。

第六节　优化共享单车资源配置

——单车投放方法的数学模型

摘要：本文着眼于共享单车资源与市场需求之间的矛盾，通过建立数学模型帮助管理部门和企业合理管控共享单车的投放数量、方法和位置，提高资源配置效率。本文综合应用了多学科知识，先将地理区域变换为一组均匀分布的密铺正六边形，运用概率论、定积分、数形结合等方法将模型逐步升级，并通过编程进行模拟实验，用"帕累托最优解—两优一劣记分法"实现多目标优化。经过由抽象化到具体化、由同一化到个性化、由特殊化到一般化的建模过程，最终我们解决了具有现实意义的问题：在区域总需求一定的情况下，如何投放单车和设置站点能够优化资源配置。本文对提高共享单车资源配置效率提出了一个新的解决方法——二次平均投放法。通过定量分析，为政府管理共享单车、协调企业和消费者关系提供了合理化建议。

关键词：共享单车　资源配置　密铺　概率分布　多目标优化

目 录

第一章　引言

1.1　前言

2016 年，借助"互联网＋共享经济"模式的共享单车(Bike-Sharing)应运而生，它在一定程度上解决了公众出行"最后一公里"的问题，极大地方便了人们的生活。

2017 年，共享单车用户数量和投放规模都经历了飞速的发展。一二线城市内五彩斑斓的单车形成了独具特色的风景线，共享单车在公众的出行中已经占据了重要地位。如图 4-6 所示。

共享单车市场如何健康发展，这与我们每个人息息相关。

2016-2019年中国共享单车市场规模及预测

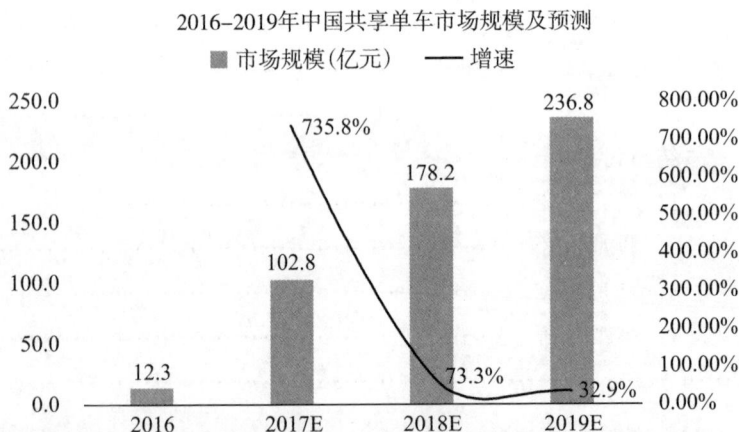

注：中国共享单车市场规模包括共享单车流通使用、应用广告等方面收入。

图 4-6　共享单车用户规模变化及预测

1.2　问题提出

我们发现，共享单车的投放地点不合理，单车资源浪费与用车需求无法满足的矛盾普遍存在，而限制单车投放数量和统一停放管理正在成为共享单车的主要发展趋势。上海、厦门等地已经采取了一定措施，但收效不及预期。

本文尝试通过建立数学模型，以投放单车数量、投放方法和设置站点个数为切入点，运用概率论、计算机模拟等方法探讨如何优化共享单车资源配置，帮助政府管理单车，协调企业和消费者关系。

1.3 符号定义

在建立数学模型解决上述问题前，先介绍一下本文使用的符号以及其实际含义。文中个别地方使用的符号在使用前下了定义，如表 4-2 所示。

表 4-2 模型中符号的定义

符号	符号的含义
S	共享单车的投放区域
a	有使用共享单车需求的人数（人）
b	正在使用共享单车的人数（人）
c	用户分布在目标区域中的概率
d	共享单车数量（辆）
l	最近停车点与用户的距离（米）
l	用户愿找车的最大步行距离（米）
n	停车点个数（个）
R	正六边形区域边长（米）
T	骑车意愿
0	底线意愿
y	单车用光的站点数（个）
X	用户找到并使用共享单车的事件
$P(X)$	找到并使用共享单车的概率

a 人中包括已经骑上车的 b 人。显然，我们可以知道 $a>b$ 且 $d>b$。

骑车意愿 T 和底线意愿 T 的定义详见第 2.2.1。

本文中的某个量（假设是 M）若出现形如 M_i 的表示，即认为这是第 i 个子区域的 M 值（l_0，T_0 除外）。

为了更清楚地说明一些重要符号的数学含义，具体内容如表 4-3 所示。

表 4-3　模型中符号的说明

常量	投放前可知的	a	R	l_0
	不可知的	c		T_0
自变量		d	n	l
因变量	数学推导	b		T
	一轮投放后可知	y		di'

（1）本文中 c 为不可知量，这也是本文展开的重要依据。正因为 c 不能确切知道，我们设计了二次平均投放法。在 2.2.3 个性化模型中，在程序随机模拟人的分布后，c 可以得到。我们用 $\sigma(c_i)$ 表征人分布的均匀程度。需要说明的是，这里 c 与个体无关，我们需要将所考虑的区域中的所有人都视为等价的个体，常量 c 能说明不同区域中的人口的相对密度。

设 S 中某个子区域 i，将 a_i 看作离散型随机变量，符合泊松分布（Poisson distribution），该泊松分布的参数是 λ_i，那么就有 $\lambda_i = a \times ci$。因为该泊松分布的期望为 λ_i，所以实际上我们求的只是子区域 i 内单车需求人数的期望。

（2）共享单车企业或政府不可能确切知道每个人的 T_0，但对于每个人 T 一般是固定的。

（3）本文不考虑企业保有的共享单车数量，即 d 没有上限。实际上，我们设定的投放模远小于现实中的投放规模，不会达到企业保有车辆的上限。

（4）在 2.2.4 站点个数变化模型中，n 是变量，2.2.4 之前的讨论设 n 是常量。

（5）人和车的距离超过 l，几乎没有（$\leqslant 5\%$）人愿意去骑车。

1.4　条件与假设

为了有利于分析问题并建立数学模型，我们建立如下假设。

假设 1：单车品牌不会影响用户选择，即本文中的变量 b 和 d 与品牌无关，表示所有共享单车数据的总计。

假设 2：共享单车有固定的停车点，投放时所有单车停在该区域的停车点上，且单车停车点在 S 内均匀分布。

假设 3：理想地表。取 S 为正六边形。

需要说明问题有：

假设1：由《极光大数据：2017年共享单车行业高速增长》得出，目前共享单车渗透率的一二名品牌（5.30％、5.12％）遥遥领先第三名（0.7％），所以用户在站点选择单车时受品牌影响小。

假设2：提出的站点正在建设，摩拜单车发布的《2017年共享单车与城市发展白皮书》显示，2017年全国新增站点10000多个，20 m² 的站点即可保证每天400多辆单车的有序运转。

规范停车点也是未来共享单车的发展趋势，单车停车点均匀分布则是考虑均衡化单车消费者的用户体验。对于人口分布不平均的地区，可以将它们划分为若干个人口分布相对平均的子区域来进行研究。

假设3：利用了中心地理论，根据该理论，正六边形具有特殊的地理学意义，而正六边形在几何上有其独特的优点恰好有利于我们的建模。

静态假设：为了方便研究，我们对资源配置过程做了简化假设。最初，所有共享单车均未被使用；之后，经过适当长的时间到时刻 t，单车的使用量达到饱和（即所有可以找到单车的需求者均正在使用单车，所有正在使用单车的人没有下车），且约定总需求 a 在一段时间内保持不变。

人找车原则：所有单车需求者只会去离他最近的站点找车，如果这个站点没有车，他就骑不到车。如果他愿意步行的范围内没有停车点，他也骑不到车。

第二章 模型建立

2.1 资源配置评价模型

根据经济学的定义，资源配置效率（Allocative Efficiency of Resources）是指在一定的技术水平条件下各投入要素在各产出主体的分配所产生的效益。运用比例定义法，我们可以给出以下判断。

（1）未被满足的需求比例越低，消费者满意度越高，即比值：

$$\frac{总需求-已满足的需求}{总需求}$$

越低，说明资源配置的效果越好。这个比值主要反映消费者的用户体验感。

（2）未被利用的资源比例越低，资源的利用效率越高，即比值：

$$\frac{总资源-已利用的资源}{总资源}$$

越低，说明资源利用的效率越高。这个比值主要反映政府节约资源的管理思路。

（3）因多余而无法利用的资源比例越低，或者因不足而一定不能被满足的需求比例越低，资源配置效率越高，即比值：

$$\frac{总资源-总需求}{总需求}$$

绝对值越小，说明资源配置效率越高，这个比值主要反映企业追求利润最大化的要求。

此外，对于共享单车的停车点的数目而言，因设置停车点需要一定成本，所以并非所设的停车点越多越好。在第 2.2.4 节中，我们将会讨论设置多少个站点最为合适的问题，所以我们必须将站点的个数也纳入我们考虑的范畴中。我们选择 $\ln n$ 作为影响因子，它的优点在于随着 n 的增大函数值变化率越来越小。这样就可以在 b 和 n 很大时，适当调节二者的变化速度的差距，让更多人骑上车这个因素更显重要。因此，我们建立评价指标 k_1，

k_2，k_3 如下（$n>1$）：

$$k_1 = (\ln n)\frac{a-b}{a}$$

$$k_2 = (\ln n)\frac{d-b}{d}$$

$$k_3 = (\ln n)\frac{d-a}{a}$$

k_3 为负数，表示资源总量不能满足需求总量，k_3 为正数，表示资源总量超过需求总量。这里需要指出的是，共享单车的资源配置效率应该由 k_1、k_2 和 k_3 共同评价。共享单车的资源配置效率得到优化的依据是，k_1、k_2 和 k_3 更趋近于 0（k_1，$k_2 = [0, \ln n]$）。

对此，我们进行多目标优化。由于三个指标独立性强，我们没有选择传统的加权法或组合分析法，而是尝试了新的方法组合：先选出帕累托最优解，一般有多个。然后它们之间两两对比，如果一组解有两个指标相对更优（比较结果不会是三优），记它得一分，最终得分最高的一组或几组（一般是一组）即为所选最优解。我们称之为"帕累托最优解—两优一劣记分法"，该法将在 2.2.4 和 3.2 中详述。

2.2 资源配置模型

2.2.1 模型抽象

我们假设用户骑车意愿 T 用户寻找单车的方便程度有关。由于目前主流的共享单车软件都有定位功能，会提供单车的定位，所以单车的位置对于需求者来说是明确的。于是我们可以认为 T 与 l 负相关，而且 T 与 l 的关系不会因为使用者的变化而变化。为了简化模型以便于分析讨论，我们不妨设 T 与 l 呈线性关系，并且规定：当 $T=1$ 时，表示用户一定会使用 $0 \leq T \leq 1$ 单车，而当 $T=0$ 时表示用户将不使用单车。

我们设
$$T(l) = \begin{cases} \alpha l + \beta, & 0 \leq l \leq -\dfrac{\beta}{\alpha} \\ 0, & l > -\dfrac{\beta}{\alpha} \end{cases} \quad (\alpha < 0, \beta > 0) \tag{1}$$

显然，$T(0)=1$。设当 $l \geq l_0$，95% 的人不会骑车。则设 $T(l_0)=0$，以消除愿意步行很远去骑车的"发烧友"对于评估停车点控制范围的较大影响。

由此，解得 $l_0=-\dfrac{\beta}{\alpha}$。将结果代入到式子(l)可得：

$$T(l)=\begin{cases} -\dfrac{l}{l_0}+1, & 0\leqslant l\leqslant l_0 \\ 0, & l>l_0 \end{cases}$$

人群 a 中每个人都各自有一个底线意愿 T_0，也就是说当用户的 T T_0，用户会选择骑车，否则用户就不会骑车。同样地，我们知道 $T_0\in[0,1]$。在这里我们不直接用 l 和 l_0 做研究，而是提出了骑车意愿 T 和底线意愿 T_0 这两个变量，原因一是为了避免个别数据过大而对结果造成超出现实情况的影响；原因二则是为了对取值区间作归一化，这样可以便于计算；原因三在于这种思路为模型在未来进一步深化埋下伏笔。因为这里只考虑一个自变量对 T 的影响，T 和 l 线性关系是最简单的情况。

2.2.2 大众同一化模型

2.2.2.1 人口均匀的密铺模型

首先，我们将讨论的问题简化到最理想的情况，即单车使用者在区域 S 内均匀分布，并且所有需求者的 T_0 都是相等的。

若某人意愿找车，则 $T\geqslant T_0$，解得 $l\leqslant l_0(1-T_0)$，也就是说该人为了找车愿意走的最远路程是 $l_0(1-T_0)$。如果不考虑地形因素，我们以每一个停车点为圆心，做一个半径为 $l_0(1-T_0)$ 的圆，那么在这个圆形区域中的人都愿意去停车点找单车。为了满足每个用户的需要，我们就要使 k_1 尽可能地接近于 0，那么就要求这 n 个圆完全覆盖 S。假设 S 也是圆形，如图 4-7 所示。

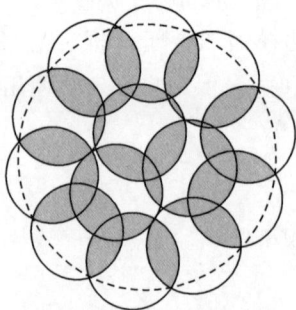

图 4-7　圆形的 S 和服务范围　　图 4-8　用圆内接正六边形代替圆

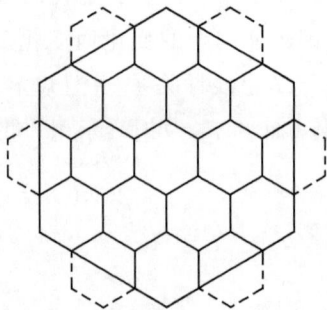

图 4-7 中有许多重叠的部分,这些重叠部分使得模型的讨论变得过于繁复。

根据中心地理论[①](Central Place Theory),我们可以取正六边形的 S,将所有的小圆形转换为其内接小正六边形,用小正六边形的密铺覆盖 S,小正六边形的中心是站点。对于大正六边形和小正六边形边长的不同大小关系,覆盖方法不同,但它们都是 Voronoi 图,小正六边形表示中心点的控制范围,很好地满足了去最近站点取车的要求。例如,图 4-8 就演示了一种特殊的覆盖形式。我们把站点覆盖的小正六边形叫作子区域。下文的讨论均建立在用圆内接正六边形代替圆的基础上。

单车和人都是均匀分布的,当 $d=a$ 时,$k_1=k_2=k_3=0$ 达到最优状态。所以,在此情境下只需使车数与人数相等即可。

2.2.2.2 人口不均匀密铺模型

如果 a 的分布是不均匀的,而且具体某个子区域的人数未知。仍取图 4-8 中子区域的中心为站点。由于子区域内任意一点到其中心的距离总是不大于 $l_0(1-T_0)$,所以该子区域内的人均会选择该区域中心的单车。设初始 d 辆车仍然均匀分布在 n 个站点,第 i 个站点的车 $d_i=\left[\dfrac{d}{n}\right]$ 或者 $\left[\dfrac{d}{n}\right]+1$。这时,子区域 i 内的人都会来到该区域的站点寻找单车,于是就有 $b_i=\min\{a_i,d_i\}$,$b=\sum_{i=1}^{n}b_i$。设此时第 i 个站点的空车还有 $d'_i(0\leqslant d'_i\leqslant d_i)$ 辆。显然 $b_i=d_i-d'_i$。通过计算可知,此时:

$$k_1=(\ln n)\left(1-\frac{\sum_{i=1}^{n}b_i}{a}\right)$$

$$k_2=(\ln n)\left(1-\frac{\sum_{i=1}^{n}b_i}{d}\right)$$

$$k_3=(\ln n)\frac{d-a}{a}$$

若 $d'_i=0$,此时 $d_i=b_i\leqslant a_i$,说明第 i 个子区域内很可能还有未找到车

---

① 中心地理论由德国地理学家克里斯塔勒和德国经济学家廖什先后提出,是研究城市化的基本理论之一。中心地指的是集中提供服务的场所,中心地理论最重要的结论是理想地表下,聚落或中心地服务范围呈正六边形网络分布,每个中心地是其所在的正六边形中心。也就是说,大区域 S 和停车点的服务范围可以用正六边形描绘。

的人，该子区域内未找到车的人数是 $a_i - b_i$；若 $d'_i \neq 0$，此时 $b_i = a_i < d_i$，区域 i 内的需求得到满足。设 $d'_i = 0$ 的站点数有 y 个 $y(y \leqslant n)$，进一步不妨假设其为 1 至 y 号站点。那么 y 个子区域未找到车的人数的期望值为：

$$E = \frac{\sum_{i=1}^{y}(a_i - d_i)}{y} = \frac{a-b}{y} \tag{2}$$

由于 a_i 的不确定，我们进行第二次单车投放还秉持平均原则，向每个子区域投入 $[E]$ 辆单车。事实上，由于 E 的数值往往很大，所以取整运算对于 E 的影响几乎可以忽略不计。所以以下使用 E 来近似代替 $[E]$。那么，此时这 y 个区域的单车使用人数是 $b'_i = d_i + \min\{E, a_i - d_i\}, i = 1, 2, \cdots, y$。

而区域 S 内的总使用人数是 $b' = \sum_{i=y+1}^{n} a_i + \sum_{i=1}^{y}(d_i + \{E, a_i - d_i\})$

在 a_i 不确定的情况下，b'_i 也不能确定，进而 k'_1, k'_2, k'_3 具体数值也不能确定。我们先写出它们的表达式，在随后的讨论中借助计算机模拟来解决。第二次投放车辆后，新的资源配置效率为：

$$k'_1 = (\ln n)\left(1 - \frac{b'}{a}\right)$$

$$k'_2 = (\ln n)\left(1 - \frac{b'}{d + yE}\right)$$

$$k'_3 = k_3 + (\ln n)\frac{yE}{a}$$

显然，$k'_1 < k_1$，也就是说指标 k_1 得到了优化，这个角度资源配置效率得到提高。

$k' - k$

$$= \frac{(\ln n)^2\left\{\sum_{i=1}^{n} b_i(d + yE) - d\left[\sum_{i=y+1}^{n} a_i + \sum_{i=1}^{y}(d_i + \min\{E, a_i - d_i\})\right]\right\}}{d(d + yE)}$$

$$= \frac{(\ln n)\left(byE - d\sum_{i=i}^{y}\min\{E, a_i - d_i\}\right)}{d(d + yE)}$$

$$\geqslant \frac{(\ln n)(b-d)(a-b)}{d(d + a - b)}$$

而 $\dfrac{(\ln n)(b-d)(a-b)}{d(d+a-b)} \leqslant 0$，当且仅当 $\min\{E, a_i - d_i\} = E$，对 $i = 1, 2, \cdots,$ y 都成立时，等号可以取到。从倒数第二步还可知 $k'_2 - k_2 \leqslant$ $\dfrac{(\ln n)\left(b - \dfrac{d}{y}\right)(a-b)}{d(d+a-b)}$，当所有没骑到车的人都集中在某一个区域时，等号成立，当 $yb \geqslant d$ 时，$\dfrac{(\ln n)\left(b - \dfrac{d}{y}\right)(a-b)}{d(d+a-b)} \geqslant 0$，所以 $k'_2 - k_2$ 的正负不能由此直接确定，可用计算机模拟选择较好的优化方案。

显然，当 c_i 相对平均时，指标 k_2 也可以得到优化。当 $c_1 = c_2 = \cdots = c_y$ 时，优化幅度达到最大。

因为 $k'_2 - k_2 > 0$，所以当 $k_3 < 0$ 时，指标可能得到优化；而当 $k_3 > 0$ 时，k_3 并未得到优化，所以指标 k_3 是否优化也不能一概而论。

当然，这是因为我们给出的已知量太少的缘故，后文的讨论用计算机模拟给出人口总数和分布，给出具体投放方法，更准确判断二次投放法的优劣。

2.2.3　个性化模型

2.2.3.1　骑车意愿个性化的积分模型

以上的讨论都是建立在人群 a 在某个固定的范围内寻找单车。在现实中，每个用户都存在一定的个性化差异，比如有的人愿意多走一些路去找单车，而有的人则不然。正因为这种个性化差异的存在，导致 T_0 在一般是不相同的。又因为我们研究时取 $a \geqslant 10000$，样本容量很大，所以把它看作连续型随机变量。

中心极限理论指出，在自然界与生产中，一些现象受到许多相互独立的随机因素的影响，如果每个因素所产生的影响都很微小时，总的影响可以看作是服从正态分布的。所以我们认为 T_0 服从截断正态分布（Truncated Normal Distribution）（$T_0 \in [0, 1]$）。我们可以通过计算关于 T_0 的一组足够大的随机抽样数据的算术平均值和标准差，得 μ 和 σ。我们推测 μ 和 σ 会受到地域影响，在不同地区可能会取不同的值。由于中学生认知的局限性，在接下来的讨论中，样本容量不够大，仅仅是对家乡进行了调查，具有地域局限性。由于截断正态分布过于复杂，当 μ 接近 0.5，σ 比较小时，我

们以 $T_0 \sim N(\mu, \sigma)$ 代替截断正态分布。在这种情况下，记 T_0 的概率密度

函数为：$f(T_0) = \dfrac{1}{\sqrt{2\pi}\sigma} e^{-\frac{(T_0-\mu)^2}{2\sigma^2}}$。

我们假设任何一个用户是随机分布在边长为 R 的大正六边形 S 当中的。这个用户为了找单车愿意走的最远路程是 $l_0(1-T_0)$，并且设 $l_0(1-T_0) \leqslant R$。为了简化模型，我们采取第 2.2.2.1 节中用正六边形代替圆的思路，做同向缩小近似，把人搜索站点的范围看成半径 l_0 圆的内接正六边形，由几何概型，知该用户能找到车的概率是 $P(X) = \left[\dfrac{l_0(1-T_0)}{R}\right]^2$。

此外，我们还可以知道愿意骑车人数 m 的期望值（在底线意愿的范围内的人数）是：

$$E(m) = \int_0^1 aP(X)f(T_0)dT_0 \quad (b \leqslant E(m) \leqslant a) \tag{3}$$

其中，$b = \min\{d, E(m)\}$。由于表达式（3）的符号积分的结果过于复杂，失去了实际意义，所以我们接下来考虑使用数值积分来进行计算。

经过调查，我们发现当 $l > 1000$ m 时，极少有人选择骑车。我们将附录一中的调查问卷的结果带入概率公式，去计算平均值和方差（取每个选项的中间值，>1000 m 的数据剔除），可以得到 $\mu \approx 0.6$ 和 $\sigma \approx 0.25$。将它们代入到 T 的概率密度函数便可以得到：

$$f(T_0) = \frac{1}{\sqrt{2\pi}\sigma} e^{-\frac{(T_0-\mu)^2}{2\sigma^2}}$$

再画出函数图像，如图 4-9 所示。

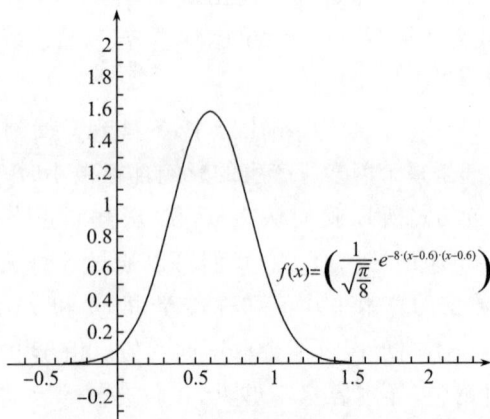

图 4-9　底线意愿的正态分布图像

2.2.3.2 骑车意愿个性化的计算机模拟

以第 2.2.2.2 节中的模型为基础，取 $l_0 = 1000$ m。则 $T(1000) = 0$，得：

$$T = -\frac{1}{1000} + 1。$$

设 S 中有 n 个以站点为中心、以 1000 m 为边长的小正六边形区域，按照第 2.2.2.2 节的思路，每个区域内都有 T_0 ~ $N(\mu, \sigma^2)$。

记 m_i 表示第 i 区域愿意骑车人数。与第 2.2.2.2 节类似，m_i, d_i, d'_i 仍符合表达式(2)，不过这里 m_i 代替了 a_i，那么 $b_i = \min\{m_i, d_i\}$。仍然把站点 $d'_i = 0$ 编号为 1 至 y。这 y 个区域的中心站点再次投放的车数期望值

为：$E = \dfrac{\sum\limits_{i=1}^{y}(m_i - d_i)}{y}$。

再进行第二次投放，向这 y 个子区域投入 $[E]$ 辆单车。此时 y 个子区域的使用人数是 $b'_i = d_i + \min\{E, m_i - d_i\}, i = 1, 2, \cdots, y$。

此时区域 S 内的总使用人数是：

$$b' = \sum_{i=y+1}^{n} m_i + \sum_{i=1}^{y} (d_i + \{E, m_i - d_i\}) \tag{4}$$

设小六边形边长为 r。我们发现，当 $R = 4r$ 时，取 $n = 19$，可以如图 4-10 所示进行构造。大正六边形可以由 13 个整小正六边形和 6 个半小正六边形镶嵌组成，各个停车点控制范围的有效利用率很高。仍取 $r = l_0 = 1000$ m。

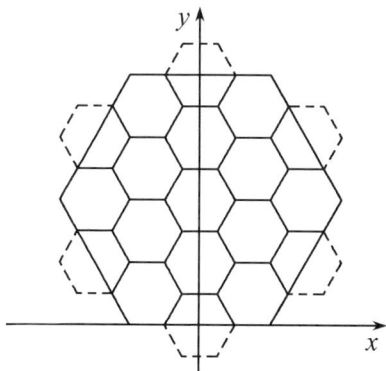

图 4-10 建立坐标系

133

表 4-3　人口分布图(中国第六次人口普查数据)

区域	密度(人/平方千米)
北京市	1323
西城区	25451
东城区	21548
海淀区	8571
朝阳区	8692
广州市	1816
荔湾区	14866
越秀区	35055
天河区	16101
海珠区	17733
枣庄市	841
济南市	828
青岛市	799

　　各顶点及中心站点坐标容易确定,在此不再详述。现在我们设计如下程序。

　　在计算机中输入 a 和 d 的值,随机生成用户的坐标,按照正态分布随机赋予每个人的底线意愿 $T_0(T_0 \in [0,1])$,模拟出 m_i 的值。

　　通过表达式(5),我们可以得到 b 的值,进而分别计算初始均匀投放和对 y 个站点二次投放后指标 k_1、k_2 和 k_3 的值(程序源代码详见附加材料),并通过 2.1 所述方法选出较优的方案,同时对数值积分的结果进行了检验。

　　不加控制的人的随机分布是均匀的,一般 $\sigma(c_i) \leqslant 0.015$,但加入程序中被注释的一行代码可以控制其分布不均匀(表中加粗字体经过控制);当 $y = 0$ 时,没有继续投放单车的必要,因为此时指标 k_1、k_2 和 k_3 的值都不会变。表 4-4 中列出了部分模拟的结果。

表 4-4　站点个数一定时对资源配置模型的模拟运行

a（人）	d（辆）	$\sigma(c_i)$	y（空站）	k_1	k'_1	k_2	k'_2	k_3	k'_3
100	50	0.036 5	6	2.06	1.99	1.18	1.26	−1.47	0.71
1000	500	0.015 3	4	2.08	2.07	1.22	1.21	−1.47	0.65
	500	**0.049**	6	2.25	2.25	1.56	2.39	−1.47	0.77
	1000	**0.0673**	1	2.21	2.11	2.21	2.14	0	0.03
	2000	**0.0526**	0	2.12	—	2.52	—	2.94	—
10000	3000	**0.0543**	6	2.46	2.16	1.35	2.52	−2.06	0.41
	5000	**0.051**	6	2.26	2.01	1.58	1.80	−1.47	0.79
	6000	0.009	3	2.01	1.66	1.53	1.97	−1.78	0.64
	6000	**0.042**	6	2.57	1.83	1.77	2.52	−1.78	0.74
	7000	0.0101	3	1.99	1.62	1.74	2.00	−0.88	0.75
	12000	0.010	0	2.09	—	1.69	—	0.59	—

在不断尝试中我们发现以下几个问题。

（1）把 T 当连续型随机变量处理，要求 a 足够大。

如果不够大会怎样呢？我们做了尝试。横向读表发现，$a=100,1000$（人）时，二次平均投放法的优化效果非常有限，明显不如 $a=10000$（人）。

（2）影响二次平均投放法优化效果的因素不只是 a 的大小，更重要的是 $\dfrac{a}{S}$（S 表示区域面积）这个比值。

在这个表格中的数据，均是在边长为 4（km）的正六边形内模拟出来的。

分别取 $a=100$、1000、10000（人），$\dfrac{a}{S}=2.41$、24.1、241（人/平方千米）。

许多城市繁华市区人口密度甚至大于 10000 人/平方千米（如表 4-3 所示），按照 2.5% 的渗透率，这里的 $\dfrac{a}{S}$ 取值大于 250。当 $a=10000$（人）比较符合繁华市中心的情况。

由此看来，二次平均投放法在人口稠密地带优化效果更明显。

（3）由于表格大小限制，没有把得到的 b 列进去。b 虽然是 19 个子区域 b 的总和，但子区域人口分布较为均匀时，代表的就是各个子区域的情况。第 2.2.3.1 节中的表达式(4)的数值积分的结果 $0.21a$ 是指表格中 $y=0$ 的情况下(车辆充足,各个站点皆有单车剩余),b 的值。

计算得:$a=10000$,$d=8000$,$\dfrac{b}{a}\approx0.29$;$a=10000$,$b=12000$,$\dfrac{b}{a}\approx0.29$;$a=1000$,$b=2000$,$\dfrac{b}{a}\approx0.28$。我们还计算了更多的比值,发现数值积分结果偏小,这可能是由于用圆内接正六边形代替圆所致。最后结果说明了在边长 $1000\ m$ 的范围内单次定点投放单车效率低下。

(4) 对比加粗和未加粗的数据还可以发现,当人口更不平均时,y 一般变大,但却不能带来更大的优化效果。

(5) 由于篇幅有限,表4-4只列出部分数据,根据变化趋势,在有限的数据中比较,显然 $a=10000$,$d=6000$,$\sigma(c_i)=0.009$ 这一行是最优解(选择过程分析参见表4-5、表4-6)。我们研究了更多数据,一般地,初次投放 $d\approx0.6a$ 时,优化幅度较大,优化后效果较好。

因此,我们得出结论:在一线、二线城市的市区,在 $24\sqrt{3}$(约 41.57)平方千米的面积上有 19 个停车点时,建议第一次均匀投放 $0.6a$(需求)辆车,第二次在 $d'_i=0$ 的 y 个站点(没有车剩余的)各投放 $[E]$ 辆车。

2.2.4　站点个数变化模型

2.2.4.1　站点坐标通解

以上情况建立在停车站点 n 一定的条件下。显然,停车点分布变密时,整个区域内愿意骑车人数 m、实际骑上车的人数 b 会增大;但 k_1、k_2、k_3 的变化并不显然。

仍假定大正六边形 S 不变,n 增大时覆盖方式和各小正六边形的中心坐标会因此改变。我们发现,当 $n=1,7,19,37\cdots$ 时,n 个中心在 S 内的小正六边形(包括不完整的)可以不重叠地完全覆盖 S,最外一圈小正六边形中心在 S 边界上,如图 4-6 所示。这种覆盖方式利用效率虽然不如第 2.2.3.2 节中的方式效率高,但它没有 $R=4r$ 的限制,更容易推广。依此法设定停车点,我们设大正六边形的中心和一个顶点连线上停车点个数为 $(x+1)$,并称这是 x 层图形。

此外,用 a_x 表示 x 层图形停车点的个数。令第 0 项 $a_0=1$。易得递推关系:

$$a_x-a_{x-1}=6x(x>1),$$

解得 $a_x = 3x(x+1)+1, x \in N$。

大正六边形每条边上有 $(x+1)$ 个小六边形的中心。记小六边形边长为 r。

如图 4-11 所示，以 $x=3$ 为例：以 D_4 为坐标原点，直线 D_4A_3 为 y 轴建立坐标系，可求区域中心坐标 $(x=3, n=37)$。

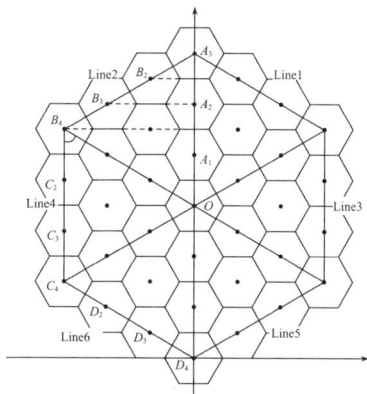

图 4-11　"3 层图形"

在第 3 层上，Line2 上的四个点 $A_3(0,y)$，$B_2\left(-\frac{3}{2}r, y-\frac{\sqrt{3}}{2}r\right)\Big)\|$，$B_3(-3r,$

$y-\sqrt{3}r)$ 和 $B_4\left(-\frac{9}{2}r, y-\frac{3\sqrt{3}}{2}r\right)\Big)\|$ 可以看作是由 $A_3(0,y)$ 向下派生出来。而

$A_3(0,y)$ 可以看成是由中心点 O 向上派生出来。易知中心点 O 的坐标是 $O(O,$

$R)$，且有 $OA_3 = 3-\sqrt{3}r$，所以可以得到 A_3 的坐标为 $A_3(0, R+3-\sqrt{3}r)$。

其他五条线可以进行类似的分析，如第二层和第一层分别从 A_2, A_1 开始向下派生。设 $\triangle OA_3B_4$ 覆盖的停车点属于 Line2 族，$\triangle OC_4B_4$ 覆盖的停车点属于 Line4 族，$\triangle OC_4D_4$ 覆盖的停车点属于 Line6 族（在三角形边上也算被覆盖）。据此得到下方通解：

Line1 族：$\left(\frac{3}{2}ir, R+\sqrt{3}kr-\frac{\sqrt{3}}{2}ir\right)\Big)\|$

Line2 族：$\left(-\frac{3}{2}ir, R+\sqrt{3}kr-\frac{\sqrt{3}}{2}ir\right)\Big)\|$

Line3 族：$\left(\frac{3}{2}kr, R+\frac{\sqrt{3}}{2}kr-\sqrt{3}ir\right)\Big)\|$

Line4 族：$\left(-\dfrac{3}{2}kr, R+\dfrac{\sqrt{3}}{2}kr-\sqrt{3}\,ir\right)$

Line5 族：$\left(\dfrac{3}{2}ir, R-\sqrt{3}\,kr+\dfrac{\sqrt{3}}{2}ir\right)$

Line6 族：$\left(-\dfrac{3}{2}ir, R-\sqrt{3}\,kr+\dfrac{\sqrt{3}}{2}ir\right)$

其中，$k=0,1,2,\cdots,x$，$i=0,1,2,\cdots,k$。这表示了所有 x 层图形的停车点坐标。这些式子会重复计算交点坐标。在编程计算时（详见附加材料），我们将通过去重，得到 n 个子区域的中心坐标。

2.2.4.2　站点优化模型

该密铺模型与第 2.2.3.2 节中的模型基本一致，第 2.2.3.2 节中成立的公式在此继续适用。在此特别讨论 n（或 x）的改变对于结果的影响。以同一组 T_0 运行程序得到结果，如表 4-5 所示。

表 4-5　站点变化的模型

a	d	x	y	k_1	k'_1	k_2	k'_2	k_3	k'_3
10000	5000	3	9	2.05	2.01	0.48	0.49	−1.81	1.36
		4	**56**	**2.03**	**1.72**	**0.1**	**0.24**	**−2.05**	**1.27**
		10	245	0.86	0.81	0.73	1.11	−2.90	0.72
	8000	3	0	2.00	—	1.60	—	−0.72	—
		4	0	1.62	—	0.99	—	−0.82	—
		8	**90**	**1.21**	**0.69**	**0.63**	**1.01**	**−1.08**	**0.19**
		9	**168**	**1.34**	**0.49**	**0.43**	**0.92**	**−1.12**	**0.21**
		10	**226**	**1.39**	**0.26**	**0.39**	**0.93**	**−1.16**	**0.28**
	10000	8	46	0.95	0.68	0.89	1.34	0.00	0.94
		9	74	0.91	0.44	0.85	1.26	0.00	0.91
	15000	8	0	0.82	—	1.85	—	2.69	—
		9	2	0.65	0.44	1.61	1.84	2.80	3.52

（源代码详见附录）

不论优化方法是什么，二次投放优化幅度多大，我们想找到的是较优的资源配置方案,即我们想要的是二次投放完成后结果最好的一组解。所以做比较的三个指标是 k'_1, k'_2, k'_3。表 4-5 中,加粗的四组数据是帕累托最优解(Pareto Optimality)。在它们之间,两两比较,共做 $C_4^2 = 6$ 次比较,如表 4-6;如 $d = 5000, x = 4$ 和 $d = 8000, x = 8$ 两组比较,后者的 k'_1 和 k'_3 相对较优,记它得一分(表 4-6 第二行第三列的 0 和第三行第二列的 1)。(按从上到下的顺序)它们最终得分分别是 0,1,3,2。所以,当需求人数 $a = 10000$ 人时,我们选择的最优解是初次投放车数 $d = 8000$ 辆,图形层数 $x = 9$,即设置站点数 $n = 271$ 个。

表 4-6   两优一劣记分

	4	8	9	10
4		0	0	0
8	1		1	0
9	1	1		1
10	1	1	0	

(4、8、9、10 分别表示表 4-5 加粗的第一、二、三、四行)

由此可以发现,这种选择最优解的方法比加权法更客观,也很简洁。先用帕累托改进淘汰大部分劣解,使得两优一劣记分法工作量大大减小。

比较优化前后的 K 值,二次平均投放法发挥了重要的作用。

当需求人数 $a = 10000$ 人,初次投放车数 $d = 8000$ 辆,设置站点数 $n = 271$ 个时,二次平均投放完成后,每 10 人中平均有 8 人上车,大幅优于第 2.2.3.2 节中的 3 人。观察表格,k'_1, k'_2, k'_3 三个指标也比第 2.2.3.2 节的方式有了明显优化。

我们变化 a, d 做了更多实验,发现 $x = 9$ 时,优化后资源配置效率较高。由 x 和 n 关系式,$x = 9$ 时,$n = 271$。若用 S(平方千米)表示区域面积,计算 $\frac{n}{S}$ 得到该区域的站点密度 6～7 个/平方千米。

由此我们得出结论:在一线、二线城市的市区,在 $24\sqrt{3}$(约 41.57)平方千米的面积上设置约 200～300 个停车点较优,建议第一次均匀在这些站点投放 $0.8a$ 辆车,第二次在 $d'_i = 0$ 的 y 个站点(没有车剩余的站点)各投放 $[E]$ 辆车。

第三章 总结与讨论

3.1 研究结论

本文通过运用平面密铺、概率论、数值计算等方法，建立了共享单车资源配置的数学模型，旨在解决共享单车资源与需求之间的矛盾。对于相关企业和管理部门而言，在掌握了区域人口密度和需求人数的数据后，便可以对单车的投放进行科学的管理。根据本文的建模分析，在一二线城市，我们建议每平方千米设置 6~7 个站点来统一管理，按管辖区域内需求人数的 0.8 倍来均匀投放单车，然后对单车数量不足的地区进一步增加投放少量的单车。这样，每 10 个人中大约有 8 人能够使用单车。

对于已经饱和的单车市场（也就是单车数量大于需求人数的地区），政府应坚决阻止单车企业继续投入，并有计划地减少该区域单车数量，避免引起资源过剩的状况出现。

同时，作为共享单车企业来说，在开辟一个新市场时，若对当地的单车需求情况不甚了解，也可以按照上述方式二次投放单车，并且可以收回一些供大于求的区域的单车。

3.2 模型检验

我们用 T_0 $N(p, G^2)$ 拟合 T_0 截断正态分布，现在进行检验。求解不等式组：

$$\begin{cases} 1p + 2G & 1, \\ (p - 2G & 0) \end{cases}$$

可以得到如图 4-12 所示的可行域。

图 4-12 的深色区域中，$f(T_0)$ 在 $[0,1]$ 区间中的定积分等于 0.95。在这个范围内，用 $T_0 \sim N(p, G^2)$ 来对 T_0 截断正态分布

$(T_0 = [0,1])$ 进行拟合的效果是很好的。我们

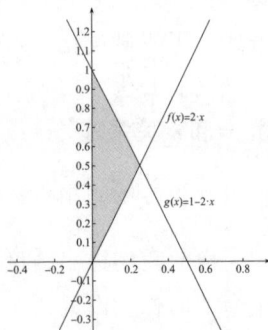

图 4-12 可行域

的取值点在红色区域之外，达不到 95% 的精度，但很接近。

通过查标准正态分布表，计算得到我们取的 $f(T_0)$ 在 $[0，1]$ 区间中的定积分约等于 0.937。

我们在模型建立过程中，通过计算机模拟了大量的随机数据，实际上也测试了模型的稳健性。从表 4-3 和表 4-5 的数据可以看出，该模型的运行结果是很稳定的。

在 2.2.3.2 中，我们对表格数据进行了大量分析，分别检验了模型在人口分布均匀、不均匀，人口密度大、小等不同情况下的运行。接下来对人口密度设置更大梯度的检验。

表 7 是模型在人口密度不同的区域的测试，我们选定 $a=10000$，按照结论的优化方案选择 $d=8000$。改变大正六边形区域 S 的边长 R 分别为 1000、2000、3000、5000，模型建立过程中边长 $R=4000$，即改变人口密度，分别找一个较优的方案。

表 4-7　模型在人口密度不同的区域的测试

a	d	R	r	n	y	k_1	k'_1	k_2	k'_2	k_3	k'_3
10000	8000	1000	288.68	19	13	0.69	0.43	0.13	0.52	−0.59	0.10
			192.46	37	33	0.79	0.32	0.09	0.38	−0.72	0.06
			144.34	61	54	0.88	0.30	0.07	0.34	−0.82	0.04
			115.47	91	84	0.95	0.32	0.06	0.36	−0.90	0.05
			96.23	127	112	1.02	0.33	0.06	0.34	−0.97	0.01
		2000	577.37	19	0	1.15	—	0.70	—	−0.59	—
			384.91	37	17	0.90	0.80	0.22	0.93	−0.72	0.17
			288.68	61	46	0.94	0.62	0.14	0.71	−0.82	0.10
			230.95	91	77	0.98	0.52	0.10	0.58	−0.90	0.07
			192.46	127	95	1.07	0.48	0.12	0.56	−0.97	0.09
			164.96	169	137	1.15	0.48	0.16	0.56	−1.03	0.10
			144.34	217	172	1.17	0.47	0.12	0.50	−1.08	0.03
			128.30	271	199	1.23	0.44	0.14	0.53	−1.12	0.11
			115.47	331	261	1.37	0.52	0.26	0.69	−1.16	0.20

（续表）

a	d	R	r	n	y	k_1	k'_1	k_2	k'_2	k_3	k'_3
10000	8000	3000	866.05	19	0	1.81	—	1.53	—	−0.59	—
			577.37	37	1	1.39	1.39	0.84	1.74	−0.72	0.67
			433.03	61	17	1.17	1.09	0.43	1.32	−0.82	0.34
			346.42	91	51	1.15	0.87	0.31	1.06	−0.90	0.25
			288.68	127	89	1.19	0.72	0.27	0.88	−0.97	0.20
			247.44	169	118	1.24	0.68	0.27	0.83	−1.03	0.18
			216.51	217	161	1.25	0.60	0.21	0.72	−1.08	0.14
			192.46	271	189	1.29	0.61	0.22	0.74	−1.22	0.15
			173.21	331	236	1.43	0.61	0.34	0.79	−1.16	0.21
		5000	1443.42	19	0	2.51	—	2.40	—	−0.59	—
			962.28	37	0	2.46	—	2.17	—	−0.72	—
			721.71	61	0	2.16	—	1.67	—	−0.82	—
			577.37	91	10	1.82	1.79	1.15	2.25	−0.90	0.92
			481.14	127	36	1.64	1.48	0.83	1.88	−0.97	0.65
			412.41	169	70	1.53	1.27	0.63	1.60	−1.03	0.48
			360.85	217	101	1.51	1.10	0.64	1.39	−1.08	0.39
			320.76	271	159	1.57	0.99	0.56	1.30	−1.12	0.39
			288.68	331	199	1.61	0.92	0.56	1.19	−1.16	0.34

计算需求人口密度（S 表示大区域面积）：

$a = 10000, d = 8000, R = 2000(\text{m})$，$\dfrac{a}{S} = 926.3$（人/平方千米）。按照 2.5% 的渗透率，这里人口密度是 37040（人/平方千米）。这种需求量可能符合十分繁荣的商业区或市中心上下班时的情况。我们的方案是停车点每 249.9 m 一个。

$a=10000, d=8000, R=3000(\mathrm{m}), \dfrac{a}{S}=427.7$（人/平方千米）。按照 2.5% 的渗透率，这里人口密度月 17108（人/平方千米），略小于北京东城区、西城区的人口密度。我们的方案是停车点每 375 m 一个。

$a=10000, d=8000, R=4000(\mathrm{m}), \dfrac{a}{S}=240.6$（人/平方千米），人口密度约 9624.0（人/平方千米），十分符合一线城市市区的情况。我们的方案是停车点每 444.4 m 一个。

$a=10000, d=8000, R=5000(\mathrm{m}), \dfrac{a}{S}=154.0$（人/平方千米），人口密度约 6160（人/平方千米）。我们的方案是停车点每 555.6 m 一个。

表 4-8 是输入与表 4-7 相同数据 $a=10000, d=8000, R=5000(\mathrm{m})$，输出的部分结果，结果一致性很高。这表明模型很稳定，具有可重复性。

表 4-8　模型稳定性检验

a（人）	d（辆）	R（m）	r（m）	n	y	k_1	k'_1	k_2	k'_2	k_3	k'_3
			1443.42	19	0	2.50	—	2.39	—	−0.59	
			962.28	37	0	2.46	—	2.17	—	−0.72	
10000	8000	5000	721.71	61	0	2.12	—	1.62	—	−0.82	
			577.37	91	8	1.81	1.79	1.13	2.24	−0.90	0.91
			481.14	127	34	1.60	1.50	0.79	1.88	−0.97	0.63

以上讨论表明，随着人口密度增大，模型的运行结果——站点间距离随之减小，模型具有一定的现实合理性。经过重复实验，模型稳定性很好。

3.3　应用案例

3.3.1　青岛市崂山区共享单车停车点规划

随着共享单车的大热，2017 年 3 月单车企业也进入了青岛市。截至 2017 年 9 月，青岛市已有注册用户 200 多万人，单车投放量达到了 17 万辆，这为市民出行提供了便利条件。青岛市政府也顺应了趋势，计划开辟自行车专用道。

青岛市崂山区中心区域地势相对平坦，海岸线较平直经济发达，人口较集中，人口密度 958（人/平方千米），是我们模型应用的较为理想的环境。

图 4-13　青岛崂山区停车点设计

图 4-13 为崂山区中心区域地图，图中虚线为在建地铁线。

该区域长约 2 km，宽约 1.3 km，面积约 2.5 km²。该区域常住人口约 2400 人，按照 2.5% 的渗透率，稳定的单车需求量是 60 辆。该区域公共设施、大型商场、住宅区、景点等一应俱全，代表性较强。

按照我们的结论，该区域需要停车点 12 个。首次在这些站点平均投放 48 辆车，即每个站点投放 4 辆车。过一小段时间，再在单车用光的站点补充 2～3 辆车。

经实地考察，图 4-13 中丽达购物中心门前区域为已建成的停车点，红色标记为我们建议增设的停车点。我们所选择的站点大部分无须开辟空地，利于建设停车点。

3.3.2　伦敦市单车投放方案实例

根据上海科技报"看看国外共享单车都是什么样"的报道，英国伦敦租车系统实行全天 24 小时不停歇运营。当使用者骑车到达一个租借点发现没有空位可停时,可直接在触摸屏上搜索附近停车位。一般不会超过 300 米就有下一个租借点,同时可以在触摸屏上点选宽限 15 分钟找车位的选项,如此便能够免去找下一个车位时间内的租用金。据资料显示,伦敦市区的人口密度为 10930(人/平方千米)。上述报道从一个侧面提示我们的研究结论(在一二线城市,我们建议每平方千米设置 6~7 个站点来统一管理)具有一定的现实意义。

3.4　模型评价

本论文的亮点主要包括以下五个。

第一,政府对共享单车管理调控时,所需的初始数据比较少,易于操作。

第二,在进行单车资源建模时,考虑了较多的影响因素,如人口分布、个体差异、站点个数等,构建了具有现实意义的模型。

第三,采用了高度抽象的正六边形密铺模型,具有延展性、良好普适性,在大小不同的区域都有应用。

第四,模型跨学科应用了经济学原理、中心地理论,合理利用中心极限理论,并结合了计算机编程。

第五,采用"帕累托最优解—两优—劣记分法"两种方法组合选择最优解,设计二次平均投放法。

本文的局限与日后的研究方向包括以下几个方面。

第一,我们的符号定义认为常量 a 与该地区的总人口数量和经济发展的水平等因素有关。进一步思考可以发现,就算是在同一个地区,a 也会受到时间的影响。例如在上下班的时间段内,共享单车的需求量会大幅增加。对于指定的一个地区而言,可以假设变量 a 是关于时间 t 的一个函数:

$$a = h(t)$$

其中,h 表示一个函数,用来刻画有使用共享单车需求的人数的变化规律,进而可以研究如何通过人为增加单车数量,改变停车点位置和数量等管理手段优化资源配置。

第二,我们的模型加入时间变量后,可以考虑单车跨区域流动。其实人骑行的距离也符合正态分布,这样一个地区初始投放的单车不再假定是静止在这个区域,还有流入流出。单车流动多少可以定量分析。

第三,骑车意愿与人车距离之间的线性关系值得商榷,有待进一步调查研究。另外,我们还可以加入其他影响因素。

第四，此模型可借助中心地理论、Voronoi 划分和扩散模型等继续深化。

第五，二次平均投放可以推广到多次投放，继续进行研究。

附　录

本文中用到的 Matlab 程序源代码有如下内容。

```
syms x
≫f＝exp(－8 * (x－3/5)^2) * (x－1)^2
≫int(f,x,0,1)
≫I＝quad(@(x)exp(－8 * (x－3/5).^2). * (x－1).^2,0,1)
I＝0.132 7
```

第五章　多措并举，探究自主管理

我要当个好老师，教书育人像一盏灯点亮我的心房，三尺讲台存日月，一支粉笔写春秋。我要当个好老师，用自己的青春培育无数的桃李，赠人玫瑰，手有余香。我要当个好老师，播撒爱心，引领智慧。当个好老师是幸福的。

第一节　以身作则，唤醒师生的彼此尊重

记得刚工作时，身边的老前辈们经常说，不当班主任的老师，教师生涯是不完整的。只有当过班主任的老师，才会体会到甘为孺子牛的艰辛；只有当过班主任的老师，才能体验到教师特殊的幸福感。时代在不断变迁，但班主任们的责任与担当、初心与使命，从未改变。如果说教育是"爱"的教育，那么班主任一定是那个将爱演绎到极致的人。哪位学生有了困难，我们比谁都急，想方设法加以解决；面对学生思想上的困惑迷茫，我们不厌其烦，循循善诱。学生的成绩终于有了起色，我们会倍感鼓舞与欣慰。记不清多少次苦口婆心地交谈，记不清多少遍耐心细致的电话，更记不清多少个披星戴月、风雨无阻的日子。我想这些都一定是真真切切发生在每个班主任身上的事儿。这就是我们的班主任，是育人大厦中最坚实的那层砖，是学校精致化管理工作中前沿的战斗员，是学生成长旅途中距离最近的、最美的风景。

班主任工作是平凡而琐碎的，班主任工作又是神圣而伟大的，我们是学生成长和发展中不可替代的良师益友，我们对学生倾注着一份由衷的、发自内心深处的关爱。那是对人的尊重、对生命的珍视、对过失与错误的宽容和

对智慧的赞赏与鼓励。在这个光荣的岗位上，我们塑造着民族振兴的梦想；在这个光荣的岗位上，我们肩负着一个个家庭的希望。我们有一千个理由抱怨，但我们更有一千零一个理由坚守职业操守和职业精神。因为我们的付出，终将换来学生的尊敬和爱戴、家长的理解与信任、领导和同事的支持与肯定。我们相信，班主任的爱，会伴随学生走向无限广阔的天地，会被学生永远珍藏心底。"教书育人，我们责无旁贷，爱洒桃李，我们无怨无悔！"

第二节　自主教育是班级的一团"活水"

笔者一直坚信，要成长为国家建设所需要的优秀人才，必须具有坚守的信念、无私的奉献、高尚的师德、优秀的教学能力，只有这样才能无愧于学校的培养，无愧于学生的信任，无愧于家长的期盼，让自己在平凡的岗位上做出不平凡的业绩。学高方为师，好老师必须教学更出色。

从把人生的坐标定格在三尺讲台，笔者就深刻地认识到，要当个好老师，必须有深厚的知识储备，从"一碗水"成为"长流水"；必须有扎实的业务功底，从"我爱教"变成"我善教"。而实现这一切的基础，唯有顽强不息地拼搏、坚持不懈地奋斗。多少个夜晚，我还在灯下苦研教学思路，养成了常年手写教案的工作习惯；每一节新授课，我通常都要一课多案，只为更好地因材施教；每一次上完一节课，我都要撰写教学反思，把课堂上的得与失进行深入剖析。功夫不负有心人，日积月累的努力，让我的教学专业素养不断提升，逐步形成自主、开放的教学特色，我执教的高中数学课先后获得青岛市优质课比赛一等奖、山东省优质课比赛一等奖，并获得了全国高中数学教师展示课二等奖。

活到老就要学到老。我强烈的终身教育思想，让我的数学课不断推陈出新，成为最受学生喜欢的课堂之一。我践行着"造就终身发展之生命主体"的育人理念，课堂语言幽默智慧，课堂气氛充满激情，伴随着欢声笑语；我自学了各种信息化教学设备的使用，借助学校"互联网＋"平台，与学生们通过 PAD、钉钉、QQ 等新媒体设备和平台进行网络教学、在线答疑，实现了一对一、一对多的个性化指导；我特别重视学生学习数学的方法，开设了"如何学好高中数学"专题讲座，面向三个不同年级的学生给出不同的学法建议，让很多学生实现了数学学习的突飞猛进；我推动科研课题研究更接地气，与一线具体教学实践相衔接，在分层教学、项目式教学等方面与数学组的同事们认真研究，不断提出新思路、新想法，丰富完善着数学教学模式。

自主教育是一种充分发挥生命个体发展性和主体性的教育理念。为了更好地激发学生学习数学的兴趣，促进学生逻辑推理、数学运算等核心素养的提升，我设计了丰富多彩的"数学空间"系列活动，并主持开发了青岛市精品课程"数学建模"，带领学生们在生活中发现数学，将一个个生动的生活案例提炼成数学模型，再运用数学知识解决问题。在我的引导下，一批又一批学生被培养成为数学建模"小达人"，有 40 余名学生在全国和世界中学生数学建模大赛中获奖，我也多次被评为优秀指导教师。2019 年，我荣幸地作为唯一的中学教师代表，在全国大学生数学建模研讨会上做了"建模，从这里开始"的主题报告，介绍了中学一线教师在高中数学建模教学过程中的探索与实践，受到与会数学专家教授们的高度赞赏。

弹指一挥间，我已做了 16 年的班主任，所带的班级团结进取、凝聚力强，多次荣获青岛市优秀班集体、青岛市优秀团支部等荣誉，我本人也被评为青岛市最美教师。如果有人问我怎样才能当好一个班主任，答案很简单，就是要对学生有爱心，对学生成长负责，必要时要有牺牲和奉献。16 年来，每天清晨，我总是精神抖擞地准时出现在教室门口，用温暖坚定的眼神认真扫过每一个学生的面孔，及时捕捉他们细微的情绪变化，发现情绪异常的学生及时跟进，努力让每一个学生都在我的关心爱护下健康成长。

记得有这样一个学生，在关键的高三时期，父母离异并分别奔赴外地打拼事业，只剩她和奶奶在青岛相依相伴。在获得这个信息后，为了让家庭变故对孩子高考的影响降到最低，我及时与孩子的父母做了沟通，在学生家长将学生的奶奶做了妥善安排后，我将这个学生接回了家。此后，我便多了一个新的身份——"高三家长"。我为这个学生准备了温暖舒适的被褥、营养丰富的三餐，每天润物无声地进行心理疏导，每周一次无偿的数学"私教"，一点一滴的关爱温暖了这个学生的心灵，灿烂的笑容重新回到了她的脸上。那年的高考，这个学生顺利考入了心仪的大学，四年后又保送至北京大学继续深造。如今，这个曾经的学生已经是我的家人了，每逢佳节都会给我送来感恩问候、与我真情倾诉，与我分享着成长的烦恼与生活的静好。

最难"忠孝两全"时。2019年，我又带高三毕业班。在备考冲刺的关键时期，我的父亲却在一次体检中查出了问题，等不到高考结束，等不到暑假来临，医生在最短的时间内安排了手术。一边是操劳一生、为我倾心付出的父亲，最需要照顾，最需要安慰；一边是学校近百个即将高考的学生，最需要辅导，最需要帮助。两边都需要我！亲情与责任，何去何从？身为独生子女的我与丈夫做好分工，白天上班，晚上陪护，医院的病床边、餐厅里都留下过我批改作业、平板答疑的身影，正是那份对教育、对学生的挚爱，对工作、对家人的真情，支撑着我走过了那段艰难的日子。一直到父亲康复出院，我没请一天假，没耽误过学生一节课。我认为：自己的事再大也是小事，学校的事再小也是大事。后来，学校领导得知情况后，深有感慨地说："程老师可能不是一个称职的好女儿，但她一定是一个尽职的好老师。"

"一花独放不是春，百花争艳春满园。"我是青岛第二中学"沃土工程""双优工程"的切身受益者，我的成长浸润着众多教育前辈的无私帮助。当我也成长为"青岛名师"，成了青岛第二中学的"教学专家""超带动计划导师"后，我也积极地投身到帮助青年教师成长的工作中。刚入职的青年教师，精力充沛，激情似火，但缺乏教学经验；有的青年老师虽有一定的教学经验，但教育教学理论水平有待提高。我摸清青年教师的成长发展需求后，担任"教学导师""德育导师"，通过示范课、听课、评课、专题报告、论坛沙龙等同伴互助式的活动形式，毫无保留、不厌其烦地把自己对教学的感悟和做法传授给青年教师，带动了一批爱岗敬业、年轻有为的年轻教师，帮助他们在各种教学专业比赛中获国家、省、市一等奖，并梯队式地成长为新的教学能手和教学一线的骨干力量。我还曾20余次到莱西市、城阳区、即墨区等地的学校开展城乡交流活动，将自己的教学理念和育人心得与同仁分享。同时，我还远赴贵州、新疆、重庆等省（自治区、直辖市）及石家庄、济南、聊城等城市，以执教教师和特邀指导教师等身份，十余次为当地教师上示范课和观摩课，做专题讲座和学术报告。

作为教师，就应该不负教育使命，不负青春韶华，立足新起点，规划新梦想，继续新奋斗，谱写新华章，像吐丝的春蚕，争做最美的人民教师；似燃烧的蜡烛，培育更多的国家栋梁；无愧于心中的教育信仰，无愧于教师的神圣职业，无愧于这个伟大的新时代。

第三节 自主管理初探

——放手让学生创造性地发展

　　我想凡是做过班主任的老师都会有过这种感受，每次在做期末总结时，面对一学期辛勤工作的成果，心中除了充实、满足之外，还会有些许的遗憾与感悟：某些方面我还可以做得更好，某些工作方法如果调整一下，可能效果会更明显；如果有机会，我还有一些好的想法可以付诸实践……

　　刚送完一届毕业班，我又继续留在高三，成了高三 10 班班主任，连续多年的带班经历，我似乎有满腹的经验可以传授给学生，但是新的班级，不同的学情，没有与学生进行实质性的接触，那些所谓的经验恐怕只能是纸上谈兵。多年的经验让我深深明白一个道理：脱离学生实际的发言，即便是辞藻再华丽也会显得空洞乏力，就这样，带着一份自己并不十分满意的演讲稿，我迎来了与学生的第一次见面。简单的自我介绍后，我便站在班里静静地看着学生打扫教室，整理作业，默记着他们的名字，无意中，分发课本这个小环节引起了我的注意：高三新学期各学科所需的教材被整齐地摆放在讲台上，我随意指定了三个学生，请他们将课本分发下去，也许是没有这方面的经验，三个学生商议后决定先一起发放语文书，结果发到最后一个同学时，少了一本语文书，领取新书的时候数目是经过多次确认的，那么问题出在哪里？经过仔细查找，书在一个空位子上被找到了，原来，因为发书的过程中缺乏沟通，这个位子被重复分发了两次。这时，似乎意识到发放方法存在问题，三个学生重新商议，决定每人负责分发一种书，很快各种课本便被有序地分发完毕，发书的三位学生直接回到了座位整理各自的课本，此时我注意到，捆书用的塑料绳与硬纸壳被随意地丢在地上，刚刚打扫过的教室凌乱不堪。就在这时，坐在前排的一个女生默默起身，快速地将一地垃圾收拾干净，教室重新变得整洁有序。小小的一幕让我心中一动，发书方法的果断调整、女孩的识大体等表现让我看到了学生身上自我教育、自我完善、自我管理的能力，如果班主任引导得当，会极大提升整个班级自主管理的水平。当时我便决定,舍弃我预先准备的发言稿,第一次班会就从"发书"谈起。整个班会过程中,我设计了三个主要环节。

第一环节:请三位发书的同学简单谈一下调整方法的原因是什么? 为什么原来的方法不够好? 以后再遇到此类问题该如何处理?

设计意图:肯定三位学生的应变能力以及发书过程中对方式方法的优化,正是因为方法的调整才能高效地完成任务,而其行为本质是一种自我教育和自我完善。

第二环节:请学生们推选出公认的班级最佳宿舍,请舍长介绍一下从起床到离开宿舍楼,八个人是如何分工合作,在最短的时间内完成洗漱、整理内务、做完公值的。

设计意图:经过引导使学生明白,内务的好坏,不是简单的扣分多少,而是一种做事方法、态度的体现,凡事讲究方法是一种积极、高效的生活方式,它实际上就是数学中的统筹法在生活中的体现。高三的学习时间紧、任务重,需要一种高效的生活和学习节奏,通过自我管理、自我完善,可以极大提高各环节效率。

第三环节:重新回到分书过程,进行再分析。最后收拾地面的女同学,看似做了一件小事,但足以以小见大,那就是一种大局观;虽然只是一个同学的行为,但足以看出整体,说明我们是有着很强凝聚力的集体。一个优秀的集体,不是靠班主任强压管理管出来的,而是靠这个集体中的每个人自发地奉献智慧和力量。每个人都是班级的主人,每个人都是自我管理的执行者,每个人都是班级自主发展的参与者。

这次班会,我巧用学生身边的例子,顺利完成了与学生的初次相识;这次班会,我倡导了一种做事方法,一种做人品质;这次班会,更让我真正且深刻地意识到,该如何引导学生进行真正的自主管理。

教育家陶行知说过:"最好的教育是教学生自己做自己的先生。"这一名言讲的就是要让学生学会自我教育和自我管理。因此,班主任必须想方设法构建学生的自我管理体制,让每位学生都有机会服务同学、锻炼自己、表现自己,这样便会真正激发学生的自主意识,培养出具有开拓创新和独立自主素质的人。

第四节 自主管理再探讨

——班会，班干部成长的摇篮

班级常规管理是一项整体的育人工程。班干部在班级中起到核心骨干的作用，他们是班级各项活动的组织者和倡导者，是班级自主管理的核心力量。培养一支好的班干部队伍，让他们在班级生活中积极参与并充分发挥带头作用，并成为班主任开展班级教育的得力助手，随时解决一些不需要班主任过问的问题。班会是班级德育教育和日常管理的主阵地，每个人都可以通过班会锻炼成长，利用设计班会、主持班会的机会给班干部提供展现自己的平台，可以极大提升班干部的自信心、表现力和领导力，最终切实提升学生自主管理的能力。

班会选题和设计的三个理念：一是班级文化和校规校纪不是挂在墙上的，只有被思想所接受的东西才能成为精神；二是避免空谈，力求用事实说话，让学生从亲身体验中产生感悟；三是从班级生活中发现问题、抓住核心、巧妙设计、动情入理、持久作用。

结合班级的具体情况，我探索形成了利用班会培养班干部的"七步曲"。

第一步，我演示。我喜欢召开"案例式"班会，从发生在学生身上的点滴小事入手，与学生交换看法，进行平等的交流。这样的班会言之有物，有理可谈。更重要的是，让学生明白，老师不是只谈学习，也关注他们的成长，更喜欢倾听他们在成长过程中发生的故事。

第二步，你来做。进行"班会同课异构"，同样的主题，同样的内容，从不同的角度，由班干部采用不同的方式自主设计主持。

第三步，他点评。班会后，我组织班委会每名成员对本节班会的每个环节进行点评，哪个环节设计的好，哪里还有欠缺与不足，如何进行改进等，帮助他们在反思中提升。

第四步，再演示。我根据班级不同时期的特点，开展不同形式的班会课。例如考前动员会，考后总结会，心理疏导讲座，时事辩论赛等。

第五步，你再做。通过前期的反思沉淀与教师示范的再启发，鼓励学生大胆尝试不同形式、不同风格的主题班会。

第六步，我点评。与第一次点评不同，这个环节的点评更多的是一种思想交流，我会与学生分享每次班会的设计意图是什么，我预期达到何种效果，对于他们设计主持的班会，我又从中学到了什么，师生在反思交流中共同进步。

第七步，放手做。随着与学生了解的加深，我逐渐掌握了班里每个学生干部的性格脾气、工作能力，而学生也对我的工作方式有了进一步的理解，这时，我便放手让学生创造性地开展工作。

也许他们做得并不完美，但我相信，班主任的大胆放手、精心引导一定会让他们受益终身。教育没有神话，成长没有捷径。我们所能做的，就是低起点、低姿态、平常心。给学生提供更多的平台，让他们逐步获得脚踏实地走路、挺直胸膛做人的能力和信心，这种能力和信心所包含的能量，将会在学生的一生中持续释放力量。

第五节　重塑自信自主课堂
——要锦上添花，更要雪中送炭

当了这么多年的班主任，总有某个班级、某些学生让我印象深刻。2005年，我第一次担任了一个文科班的班主任，说实话，最初听到这个消息的时候，我的眼前立即浮现出了这样一幅场景：我激情四射、挥汗如雨地在讲台上大讲特讲，学生们却各个愁眉苦脸、眉头紧锁地看着我，讲过的题反复做错、有难度的题毫无头绪、每天都在勤奋努力的刷题却总也考不及格……文科数学就是简单的降低题目难度吗？学生的困难究竟是什么？带着满腹疑问和顾虑，我开始了文科班的教育教学工作。

【观察一：细致敏感的文科生自信又自卑】

在终于摆脱了理、化、生三科的学习阴影后，文科生的轻松自如是显而易见的：语文课上的旁征博引，历史课上的探古论今，政治课上对当今国际、国内形势的高谈阔论常常让我惊讶于他们开阔的眼界和独到的见解，就连数学成绩最差的学生也能在英语课上以一口标准流利的口语赢得同学们的阵阵掌声，令我刮目相看。相比之下，数学课上的他们则要安静许多：静静地听讲，乖乖地记笔记，干净漂亮的作业，只是提问时闪避的眼神会暴露出他们心底的不自信。几节课下来，我发现学生在数学学习过程中存在的几个共性问题：缺乏理科思维，像学文科一样在学习数学；缺乏归纳总结，只会套用固定题型、固定模式；缺乏运算技巧，只会机械套用公式低效运算等。

解决办法：积极的心理暗示＋"绿色评价"＝重塑学生自信

"其实这个知识点我们前面已经学过，只不过现在换了个说法或是进行了简单拓展。"这是我在课堂上经常说的一句话。这样做可以打消学生对新知识的陌生感和畏惧感，帮助学生更好地理解知识之间的内在联系。对于平日作业中的错题，我一般是用半对号"\"辅以简单的评语来替代醒目刺眼的"×"。批改作业不是简单粗暴地告诉学生"你错了"，它的最终目的是让学生知道错在哪里以及如何改正错误；对于考试成绩不理想的试卷我则不会合算总分，更不会在班级范围内传发，而是请学生到办公室面对面地讲评试卷。我认为，要想重拾学生的自信心，就应该首先保护好学生的自尊心。而对于每次的单元测验，我总会给几个学生"算错分数"（150 满分）：89 分的判成了 90 分，理由是这个学生的解答过程既规范又简洁；而 128 分的则会毫不吝啬地判成 130 分，理由是最后一道解答题用了一个绝妙的方法，而这种方法的思维含金量更高。我想，这种带有奖励性质的表扬更多的是想让学生明白，学习数学不仅仅是要解出正确的结果，更需要追求一种简洁高效的解决问题的方法，而好的方法往往会取得意想不到的效果。成绩提升固然可喜，但是解题成功的喜悦感往往强烈而持久，它会在很长一段时间内持续激发学生对学好数学的渴望，让这些聪明要强的孩子通过自己的不断努力挤掉成绩中的"水分"，让分数更加货真价实。慢慢地，课堂上的回应声大了，学生的眼里有光了，越来越多的学生敢于表达自己的独立见解了，因为他们知道，即便是出现偏差甚至错误，都应该是解决问题过程中的重要环节。敢于表达、勇于质疑才是做学问的正确态度。

【观察二：习惯和方法的滞后成为文科生数学学科发展的"瓶颈"】

"看你班学生的作业，写得真干净，这小字真是漂亮！""文科生就是认真，题目解的步骤就跟例题一模一样"，同事们经常这样赞美我班学生的作业，但是有经验的老师们都知道，作业写得好不代表成绩好，可能平日作业写得又好又对的学生考试成绩一塌糊涂，这说明对于这些学生而言，作业没有真正起到巩固知识的作用。一次数学笔记的抽查更是让我哭笑不得：一本本装饰精美的笔记本中，黑色的笔用来抄题，蓝色的笔用来抄写板书，绿色的笔记录一题多解，红色的笔点明难点易错点，最后在边缝里再配以手工绘制的花边和卡通图案。这哪是数学笔记，分明是一份手抄报。而如果这种笔记是以牺牲学生课上的探究思考和课后的巩固练习为代价换来的，那么要它何用？陆续地，我又发现了新的问题：作业不愿独立思考却喜欢讨论完成；题目稍有难度便去翻看答案；习题只重数量而轻视归纳；做题没有想好思路便只顾闷头跟着感觉走；有了思路却不讲究方法，处处都是无谓失分或是隐形失分。

解决办法：要锦上添花，更要雪中送炭——学生需要的是系统的指导、真正的提高

只有成绩的切实提高，才能让学生感受到付出与收获的乐趣，也会更加坚定学生学好数学的信心。而如何对学生进行具体指导，采用哪些形式才能使学生易于接受、乐于接受，在教学过程中我还在不断探索。

片段1：在培养学生养成独立思考习惯的时候我设计了这样一个小游戏：黑板上，学生甲给学生乙听写学过的十个单词，同时学生丙不断地对学生乙提出各种问题进行干扰，结果却是简单的单词拼写错误频出。游戏结束，我请默写单词的同学谈出了他的感受：独立思考是学习过程中一个重要的环节，没有思考的讨论只会大大降低学习认知的层次和效率。

片段2：在一轮复习"函数的单调性"一节时，我曾经给学生留了这样一道作业题：已知函数 $x=-\dfrac{2}{3}a, b f(x)=x^3+ax^2+bx+c$ 在与 $x=1$ 时都取得极值，求实数的值及函数的单调区间。

批作业时我发现，全班有9个学生结论错误的原因是 a, b 的错误求解。计算能力弱固然是原因之一，但我认为如果解题方法使用得当，这个问题是可以避免的，讲评作业时，我给学生展示了这样一个解法对比：

$$f'(x)=3x^2+2ax+b$$

$$解一：f'\left(-\frac{2}{3}\right)=3\left(-\frac{2}{3}\right)^2+2a\left(-\frac{2}{3}\right)+b=0, f'(1)=3+2a+b=0$$

解二：$x_1 + x_2 = -\dfrac{2a}{3} = \dfrac{1}{3}$，$x_1 \cdot x_2 = \dfrac{b}{3} = -\dfrac{2}{3}$

同样表达的是 $x = -\dfrac{2}{3}$ 与 $x = 1$ 是方程的两个根，但是无论是从方程中变量的独立性还是计算量来看，解二明显优于解一。题目不大，但让学生切实感受到了解题真的可以讲究技巧。

这次活动后，笔者有这样的个人反思：学习是一个积极主动的建构过程。教师不能代替学生读书、思考，但可以通过营造自主的课堂氛围让学生自己读书、观察、思考，从而使自己掌握事物发展变化的规律。要想培养学生的自主学习能力，使其从"学会"到"会学"，就必须在学习过程中突出学习者的主体作用，关注学生的个性化特征，这是对学生个体尊重的体现。只有学生感受到尊重，才能真正释放学习的积极动力。

第六节　为学生送上自主管理的智慧锦囊

新的时代，要求教师站在系统教育的高度，按照教育规律和人才成长规律深化各项教育改革；要求教师遵循"法道、精致、高端"的理念踏实细致地做好各项工作，推升创新人才卓越发展。作为教师，我们要有面对时代发展和学校创新的自觉担当，我们将继续在提高课堂效率、确保高考优势、推进"互联网＋"教育研究以及促进学生创新发展上下功夫，不断挖掘自身潜力，积极进行实践探索，为学校的持续发展提供动力，为学生的终身发展奠基护航。而作为老师，我想对亲爱的同学们提出几点建议和希望。

一、请你用心管理好时间，尽快适应充实快乐的高中生活

时间不被利用，就会被浪费。学校总是在进一步优化上课时间配置，同学们每天可以在状态最好的时间高效完成课堂学习，可以利用自主学习时间，充分进行复习内化、合作探究；多元的课程设置可以帮你把兴趣特长变为优势强势，助你拓宽广度、全面发展。我想，有心的同学一定会在变化中

抓住契机，及时调整好自己的状态，形成最适合自己的学习节奏。

二、请你用心锻炼好身体，科学健康地进行体育运动

运动能够提高人体的适应能力，使我们顺利地调整生活习惯，顺应新的生活节奏；运动能够提高人的自信心、自制力，培养勇敢、顽强、坚毅的意志品质；运动还可以帮助我们建立和谐的人际关系，促进心理健康。青岛第二中学一直坚持"每天一节体育课"，同时开设了丰富多彩的体育特色课程，希望同学们利用好每天的体育课，在体育老师和专业教练的指导下，增强体质，掌握一至两项体育技能，成为一名"运动达人"。

三、请你用心做好自我规划，不断进行自我增值

我想说，在持续行动的道路上，一切阶段性标志的到达，不是结束，而是新的开始。因此，亲爱的同学们，要学着用独立的眼光看待自己、看待世界，不要被别人定义自己。要试着用更宏大的格局审视人生，请你少一些抱怨，多一些坚持，因为机遇往往就在被抱怨的地方；请你珍惜在校的美好时光，用心思考、学会自治、学会自知，这样你才会离你的梦想越来越近。

新学期，学校面对着诸多创新与挑战，只有不怕困难，永远敢于担当，方能迎难而上。我们的信念与激情已经成就了许多"第一"，我们的智慧与精神也必将创造更多的辉煌。在这里，青春正燃！

第六章 深耕不辍,助力自主成长

第一节 反思、蓄力、突破、再起航

美好的日子总是还没有来得及细细品味便飞逝而过,转眼间,我已从青年教师成长为一名骨干教师。在学生的口中,我从"如知心大姐姐般的小程老师"变成了"全身泛着母爱光环的大橙子";在老教师的眼中,我沉稳、自信,年富力强,正处于教师这个职业的黄金时期;而于我自己,多年的班主任工作,让我有了自己的判断,不再盲从。文科、理科的数学教学,连续任教高三,让我对教材有了全面而深入的理解,形成了属于自己的教学风格。这一切,似乎都那么顺利而美好。然而,随着目标的不断达成,我也感到了对未来的困惑:难道我所做的一切仅仅就是为了能胜任教学和班级管理吗?我的努力工作就是为了早日评上高级职称吗?作为处于职业黄金期的我,要追求的新目标是什么?有追求和按部就班有什么不一样呢?

满心迷惑之际,我参与了学校"双优工程",有幸拜数学组组长于世章老师为师,又一次成了一名徒弟。这次的拜师,是专门为帮助骨干教师突破发展瓶颈而设,徒弟不再是跟随师父简单地上课、听课,而是要有教育教学、理论实践、科研能力全方位的提升。于老师从不刻意给我布置硬性任务,然而身教大于言传,我发现只要是有时间,他永远是在电脑上不停地写啊、改啊,哪怕是一度因病身体不适也未曾间断。辛勤耕耘的结果便是他一篇篇的专业论文发表在核心期刊上,一项项省市、国家级荣誉的获得更是让我心生敬仰,让一直以高三工作太忙为借口、缺少学术成就的我不再淡定,忍不住开玩笑对他说:"于老师,我怎么感觉师父的进步比徒弟大得多,您总是有事在做,那我该做点儿什么啊?""就从你当下的工作入手,不管是班主任还是教学工作,都有很多可探究和发展的地方,关键看你是否用心。"于老师的回答让我重新审视自己的日常工作,有了如下的几点思考。

【思考一:班主任工作的真谛到底是什么】

谈到班主任工作,我总会想起一个一直没有整理成文的案例。2009年,甲型H1N1流感爆发的那段日子,我正担任2009级14班的班主任,由于班上有一个学生被界定为疑似病例,学校决定我们班必须停课一周,师生全部回家隔离。望着空荡荡的教室,我茫然了:马上就要期中考试,停下一周的课怎么办?家长上班后独自在家的学生谁来管?突如其来的局面让我焦虑而无奈,唯一能做的就是想办法如何把学生的损失降到最低。那时我们还没有广泛使用微信、PAD,没有便捷的腾讯课堂、钉钉直播,只有最基本的电话、短信和QQ,我分别给每个班干部打电话布置分工,针对我最担心的学生的每日学习、作息问题提出了自主管理目标及要求,希望班委能尽快想出方案并落实到全班同学。同时,我又与各学科老师及时沟通,在老师们齐心协力的帮助下,当天晚上,生物课的视频、数学课的录音,英语课的教案以及所有学科作业,都及时有序地出现在班级网页上。接下来的几天,我便带领全班学生开始了最原始的"线上学习",每天早晨我准时通过QQ组织学生早读、汇总他们当日体温上报学校,家里没有网络、双职工家庭的学生成立互助小组,每天由小组长负责记录生活日记,通过手机短信及时反馈给在外工作的家长,让他们安心。班上有一位女生,因刚从国外回来必须先在家居家隔离一周,前后就有两周未能上学,我就每天晚上通过网络和电话给孩子补课。在这一周里,我所担心的懈怠、偷懒、贪玩完全没有出现,没有了老师在身边的时时监管,学生们反而自律、自主,所有的学生每天都按时入群早读、按照课表认真观看上课视频、及时完成作业,他们甚至自己设计了线上趣味体育课,紧张学习之余不忘健身休闲。返校后的期中考试,我班的成绩不仅没受停课影响,反而创造了历史最佳,让所有老师们刮目相看。

孩子的发展既依赖于成年人,又独立于成年人。但成人却常常低估了孩子的能力,高估了自身在孩子发展中的辅助作用。实际上,如果真的给孩子以机会,你会发现孩子的潜能巨大。这次居家隔离激发了学生们更多的责任心和独立自主性,也让我看到了学生们自我成长的潜能。从那以后,我开始逐渐对学生大胆放手,让他们学会自主自治,培养他们的责任心、自律性,把学校的外在管理变成学生的内在管理,这样才能让学生在各种情形中立于不败之地,实现可持续发展。

【思考二：站在学科使命的高度重新审视数学教学】

2013年，我重回高一，开始了新一轮基础年级的教学。在整理以往教案资料的过程中，我无意找到了工作第一年的听课笔记。虽说是手写，但几乎原音重现了整节课堂，每一道题，每一句话，甚至上课第27分钟时师父开了个小玩笑都让我一字不落地记了下来，在自嘲当年的做法幼稚的同时，却也倍感亲切。现在的我早已能够驾轻就熟地完成课堂教学的每个环节，但我清楚，数学魅力不应仅仅局限于题目的推陈出新和方法的精讲精炼，教师应站在更高的维度去引导学生用数学思想方法去认识分析事物，向着求真、求善、求美的境界不断发展。

1. 数学课堂应该是有哲理、有情趣的课堂

每学期的开学第一课，我都会认真解读数学学科价值，那些所谓的"数学无用说"是非常狭隘的理解。同时，我要求学生不要仅仅因为考试成绩不好便轻易给自己贴上"数学学得很差"的标签，因为这门学科在潜移默化中对人的思维的训练和培养是不可量化的。学数学，绝不是单纯地算术解题，它还蕴含着许多做事的方法和做人的道理。在学习函数时我告诉学生，如果将值域看作一件事情的结果，那么定义域和法则便可看作是这件事的先期条件和做事方法，同样的条件会因你的方法不同而产生截然不同的结果，所以做事之前应先做好对条件的判断及方法的选择；讲到概率，我会让学生明白机会面前人人平等，没有人会在买彩票前先计算中奖概率是多少，因为即便是99％的中奖率，你也可能是那不幸的1％，所以请你本着一颗平常心去购买彩票；而讲到反证法、微积分时，我则让学生体会正难则反、变曲为直的道理，登山的路径并非只有一条，山那边的景色也许别有一番风味。

2. 将思考付诸行动，不论结果如何，勇于跨出第一步

随着高考改革的不断深化，作为大学自招考试的重点学科，数学也经历了一系列变化。纵观历年试题，大学题、竞赛题，甚至现行教材已经删除的知识点都成为考试内容。如果从高三才开始备考，无疑会让本就处于高强度学习压力下的学生分散精力应对自招考试，结果往往事倍功半。如何从试题的变化中寻求规律？自招的知识准备是否可以在基础年级适时加以补充？作为一名数学教师，我又可以为学生做点儿什么？从2009届的高三开始，我便要求所有参加自招考试的学生在考完后尽可能详尽地整理出考试内容、考试心得及对自招准备的意见和建议。同时，我还充分利用毕业学生的资源，请已考入名

校的学生随时关注所在大学自招的最新动态，并帮我收集相关的数学试题。今年暑假，毕业学生分别从北京大学、浙江大学帮我找到两套自招备考教材，经过对前期所做自招试题与教材的对比、筛选，最终我决定以北京大学自主创业学生设计的教材为模本，结合我校学生的实际水平，重新对内容加以编排，在高二开设了选修课"数学知识与思维拓展"。应该说，这并不是严格意义上的自招准备，我只是希望通过我的一点努力和尝试，可以帮助更多有兴趣、学有余力的学生开阔视野、拓展思维，为将来的自招复习奠定一定的基础。

转眼间，我校第二届"双优工程"已进入尾声。在这段时间里，我重新积蓄力量，重新找到了职业幸福感以及未来的发展方向。未来，扬帆再起航！

第二节　细数回忆，砥砺前行
——MT（Magnet Team）团队建设

我们的信念如山稳而立，如水滋润万物。

问渠那得清如许？为有源头活水来。

永远没有人可以击破一个坚决的信念，我们就是一个有着这样信念的团队。在我们的团队里，每人都有一个"智慧背囊"。

在此回顾我们团队导师共同经历的美好时光，并跟大家分享我们数学MT（Magnet Team，"吸引力团队"的简称）的成长历程。

一、从无到有、尽心竭力的探索尝试——数学 MT 的发展历程

打开手机备忘录，点开"数学 MT 文件夹"，里面点点滴滴记录了四十余条关于团队发展的重要事件。现在回想起来，仿佛还历历在目。

最早的一条记录时间是七年前，那是放假前的最后一次教工大会，我有幸被任命为数学 MT 首席导师。会后的首席导师会议上，分管主任详细地布置了第一阶段的两项主要任务，一是找到合作伙伴，组成 MT 导师团；二是尽快完成 MT 推介，以便指导高一新生根据自己的兴趣爱好选择自己喜

欢的团队。那一刻，于我而言，暑假还未开始便已结束。

7月14号，"青岛二中2016级数学MT公众号"正式创建，时到今日，公众号已从最初的家校沟通纽带成为学校及团队对外宣传的窗口。近五个月的时间里，公众号共推送近三十期内容，从学校的教育教学理念到团队的育人目标，从学校的大型活动到团队的特色活动，从学校的重要公告到团队学生的优秀随笔、散文，透过这个小小的"窗口"，家长全方位地感受到了孩子们丰富多彩的校园生活。

7月19日，公众号正式发布"青岛二中数学MT推介"一文。伴随学校的"致2016级学生及家长的一封信"，123名同学选择了数学MT为第一志愿，根据学生总数，团队下设三个微团队。2016级数学MT正式成立。

8月20日，"因缘相遇，感谢有你"相识晚会上，数学MT老师和同学对彼此有了最初的了解，欢声笑语在学术报告厅洋溢开来，每位同学都上台做了自我介绍。虽然还有些胆怯生涩，却难掩同学们的创意与才情，一次简单的交流，却足以让所有人的心渐渐靠拢到一起。

8月25日，经过导师们充分的酝酿和精心的准备，我们迎来了与家长的第一次会面。大到学校先进的育人理念、完善的配套设施、团队的特色课程及发展规划，小到如何让学生尽快适应青岛二中的学习生活、怎样更好地与孩子进行沟通交流。短短的一个半小时，通过各个方面的相互沟通，家长们心中的担心和顾虑随之而去，随之而来的是家长们坚定的支持和帮助，是对MT的信心和期望。

二、踏实细致、开拓进取的工作作风——数学MT的发展基石

随着新学期的开始，我才真正感受到新的团队管理模式所带来的变化和压力。首先便是工作量的提升，以早自习为例，以前的早自习，班主任只需做好一个班的常规管理即可，而现在的我，往往是从一班的前门进入，后门离开，再走进相邻的三班教室，再从三班的后门离开转到对面的二班，逐一落实123个学生是否全部到位，每个教室是否打扫干净，早读是否准时高效、有条不紊。所有检查完毕，40分钟的早读已接近尾声。所有的工作不是简单的"一乘以三"，而是整个团队的统筹联动。抛开以往的带班经验，导师们的分工需要重新调整磨合，新的管理模式需要制定新的评价体系，班会改称为团队会；不再评选班委，而是要构建团队管理机构……

"苦心人，天不负。"在团队导师们的精心引导下，学生们很快便掌握了青岛二中的生活学习节奏，他们根据自己的兴趣参加了各种学科竞赛、社团，通过答辩面试进入了各个学生组织，数学 MT 也逐渐成为一个具有良好学习氛围的学术型团队。学生个人成长规划电子档案的创建初步完成，真正实现了"一生一策"；MT 课程体系日趋完善，并且拥有强大的师资力量，数学建模社的学生们在王海华老师的指导下顺利完成了美国中学生建模比赛，并在为即将到来的清华大学"登峰"杯数学建模比赛做着积极的准备；在刚刚结束的全国"信竞"联赛中，我们团队的学生更是取得了突破性的成绩：7 名学生荣获一等奖，8 名学生荣获二等奖，4 名学生荣获三等奖。

三、团结和谐、勤奋创新的导师队伍——数学 MT 的发展灵魂

作为团队首席导师，如何让学生在团队中获得最好的发展，一直是我在思考并努力实施的事情。为了贯彻学校和团队理念，更好地规划团队发展，我和团队导师多次召开家委会，反复和家长沟通认识，达成共识；为了开设"阅读与写作"MT 课程，我利用假期翻阅了大量有关数学论文写作指导类书籍，尝试设计适合高中学生的写作课程；为了请到专业的桥牌教练，我辗转找到毕业多年的学生家长，联系到青岛市桥牌协会，聘请资深教练每周到校教授。一位家长曾深有感触地对我说："程老师，自小学至初中，我一直是孩子班级家委会主任，所以自认为对家委会工作驾轻就熟，但是孩子来了青岛二中后，我感到变化太大了。孩子们的集体活动您基本不需要家长做什么，您说那是孩子们自己的事情。每次来到学校，您谈的都是孩子在高中应该如何规划，如何发展；家长应该如何助力孩子尽快融入集体、学会自主发展、保持可持续发展。作为家长，我们真的很庆幸选择了青岛二中，选择了数学 MT。"

团队的力量是强大的。导师们认真细致，思维灵活，行动力特别强。当我希望能有团队公众号时，第二天公众号的名片便静悄悄地出现在我的微信里；我们希望能有一种简洁高效的家校内部沟通方式，很快我们就找到了"学迹 365"小程序。而最让我感动的是，作为团队中唯一一位能够给所有学生上课的导师，他除了完成繁重的教学任务外，把绝大部分的时间都用在了与学生的谈心和指导上，及时发现、化解学生的各种问题。为团队工作提供了强大的技术支持的技术老师，在短短的几天里，处理完各种数据后，进行排序处理，纳入综合评价数据，确保了活动的顺利实施。

MT 是一种全新的模式，没有人能给我们更多的经验和帮助，我们必须要"摸着石头过河"，砥砺前行。但正因如此，它才具有强大的生命力和无限的可能性。目前，MT 架构已初步完成，我们希望通过不断摸索和不懈努力，最终形成一套完整成熟的体系，使这种模式能够长久地发展下去，帮助我们去造就更多的"终身发展之生命主体"。

第三节　让"大飞轮"不停地旋转、飞舞
——MT 团队的成长

"聚是一团火，散是满天星。"它，应该是一个具有强大磁场的团队，吸引无数个体汇聚，形成内部活力和外部竞争力；它，应该是一个精英的团队，集体智慧使它具有独特的吸引力。在这个团队里，每个个体浸染文化、体味成败、超越自我，个体的素质会决定团队的水平，团队的力量则决定个体的走向，这就是团队生命力之所在。

一、"1+1+1＞3"

由单兵作战变为导师团队，这是 MT 管理模式的一个重大变化。第一时间抢到卜老师和张老师组成数学 MT 导师团队，曾让我沾沾自喜了好长时间。卜老师，资深高三生物教师，头脑灵活，擅长学生工作，口头禅是"我昨天找某某谈话了""没事儿，我今天再找某某谈谈"，缺点是有严重的"强迫症"，看见学生就想谈话。张老师，高一英语男教师的"颜值担当"，责任心强，计算机水平高，擅长处理各类学生数据，文体全面发展，缺点：目前尚未发现。与两位老师的合作十分令人愉快，不仅仅因为年龄相当，最主要的是理念相近，目标一致。最初，我们采用"主抓一个兼顾两个"的管理模式，但很快我们意识到这种做法既有内耗，还容易产生管理漏洞，更不利于培养学生的团队归属感，经过一段时间的磨合，我们逐渐调整为一种纵向管理模式，卜老师重点关注学生学情，做好家校、师生、生生的沟通工作；张老师负

责组织学生参与学校活动和常规管理，而团队的学术活动设计、发展规划则主要由我来承担。每个人在发挥优势的同时，又相互学习、相互补充，卜老师经常利用她的学生资源，请优秀的校友给学生做学法指导、职业规划类的讲座；而在拔河、跳绳、篮球比赛的现场，总会看到张老师专业级的现场指导。每当遇到一些紧急通知、突发事件，大家都积极争先，"我来处理"或是"我已通知"，寥寥几个字，尽显我们的团结与高效。

二、让每个孩子都成为发光体

"来到青岛二中，我逐渐从'学霸'变成了'学渣'，但即便是这样，我也要做一个快乐的'金渣渣'。"这是高一开学不久，一位学生家长转发给我的一条来自孩子的短信。从这段话中，我发现孩子正在承受巨大的压力，但又在坚强而乐观地重新寻找自我。这样的孩子让我心疼，更让我感动。而这种状况，几乎在每一个初来青岛二中的孩子身上都发生过。数学 MT 将 123 个孩子聚集到一起，如何帮助他们借助团队力量重新合理定位，成为摆在导师们面前的重要难题，幸运的是，我们很快找到了问题的答案。在 2016 年 11 月举行的全国"信竞"联赛中，我们团队共有 19 名学生获奖，高一年级的八名一等奖获得者中有七个来自数学 MT。在开学不到三个月的时间里，这群志趣相投、思维相近的孩子因为喜欢信竞凑在了一起，白天比赛谁的学习效率高、作业写得快，晚上则泡在微机房里比赛刷题速度，名师引领、榜样带动和浓厚的氛围造就了好成绩。不以学习成绩论成败，而以兴趣特长求增值。在这一理念指导下，三位导师想尽各种办法为学生们铺路搭桥、设计发展方向。对于学生干部，我们精心引导，大胆放手。团队主席半学期轮值一次，主题团队会交给每个微团队轮流主持，团队述职、运动会竞标，每次学校的大型学校活动我们都会推出不同的学生干部作为团队代表进行展示；在数学 MT，学习能力强的孩子会尽情沉浸在"没有最好、只有更好"的学习方法实践中；科研能力强的孩子会借助于数学竞赛、数学建模比赛得到知识的拓展和能力的提升；篮球打得好的学生被推举成为团队篮球队队长，带领团队取得一场又一场比赛的胜利；而擅长英语的孩子则会在"丘成桐""登峰"杯学术小组中担当双语答辩的主力，将晦涩难懂的数学论文用流利的英文进行阐述，惊艳全场。在刚刚结束的数学学科周活动中，数学组的老师们更是给孩子们提供了尽情施展的舞台，将全部赛事活动交给数学 MT 的学生来组织承办。棋牌类比赛、学科竞赛、魔方比赛、数学三行情诗，还有各种益智游戏比赛，不仅内容形式新颖，并且安排地有条不紊、环环相扣。MT不应仅仅是所谓"学神""学霸"们的聚集地，它还是一个大磁场，里面有许多大小不同、形状各异的小粒子，通过大磁场的不断作用，每个小粒子都会逐渐带电、发光，产生磁力，最终相互吸引，紧紧团结在一起。我想，这才应该是"吸引力团队"的魅力所在。

三、让创新成为一种自然的习惯

创新，一个让人感觉高不可攀的词语。创新是一个持续动态的过程，既会遇到"摸着石头过河"的老问题，也会有"发展起来以后"的新问题。伴随着MT的建设，我渐渐发现，创新似乎也没有那么难，它其实就是一个不断找到新办法、解决新问题的过程。而且在很多时候，创新是顺势而为的，以团队公众号为例，我们最初创建公众号的目的非常单纯，就是希望通过那个小小的二维码将素未谋面的家长们快速聚拢起来，但是，随着"学迹365"的使用和家长群的建立，公众号完成了它最初的使命。是将其丢弃还是让其发挥新作用？我们选择了后者，公众号凭其图文并茂的优势转型成为家长了解孩子在校表现的平台。军训期间，我们连续九天，每天推出一期内容丰富的军训简报，让家长们可以在第一时间了解孩子在校的饮食起居、活动安排，而开学后推送的内容更是让家长们全方位地了解学校的办学理念和丰富多彩的校园生活：运动会竞标成功、第一次拉赞助成功、秋游大事记、期中表彰大会、学术论文、周记作文赏析……9个月，37期，记不清有多少个周末的夜晚和卜老师一起审稿、排版到凌晨，也曾想过要放弃，但是，每当听到家长们的赞扬肯定，每当看到满满的记载了团队成长、发展和壮大的一期期内容，又觉得一切都是值得的。今年中考招生宣传伊始，团队网信部部长于卓浩同学找到我，希望尽绵薄之力，通过公众号与全市初三学生分享他们的自招和学法经验，即可助力中考，又能展示青岛二中学生宽广的胸怀和高度的社会责任感。在获得学校的支持和肯定后，共有8位同学分别就如何准备自招、如何进行中考复习、自招失败如何调整心态备战中考、如何利用好初三毕业的暑假等热点问题进行了详细阐述，与其说是经验分享，更像是他们的自我反思和回顾，字句间真情流露，具有很强的指导作用，收到了良好的社会反响。文章单篇最高阅读量达到近8000人次，而公众号关注量也上升到近 1300 人,至此,数学 MT 公众号又成为宣传学校的一个小窗口。我想,创新有的时候就是坚持地做一件大家都不愿再坚持的事情。

为了使静止的大飞轮转动起来,一开始你必须使很大的力气,一圈一圈反复地推,每转一圈都很费力,但是每一圈的努力都不会白费,飞轮会转动得越来越快。达到某一临界点后,你无须再费更大的力气,飞轮依旧会快速转动,而且很难再停下,这便是著名的飞轮效应。它给我们带来的启迪便是,有时候你可能觉得做一件事很困难,但再坚持一下,过了临界点就会变得轻松。只是现在的我早已分不清楚是我在推动飞轮旋转,还是它在带动我前行。想要获得成功,就必须有"清晰的思路＋坚定的行动",我会一直努力走下去。

第四节　关于高三年级提升班级管理效能的研究

对于高三班主任来说,要改变说教式的管理教育方式,经常变革班级管理方法,采用班集体自觉管理、学生民主管理、师生共同管理等方法,提高学生对班级管理的参与度,增加班级管理的趣味性。这样可以营造宽松民主的班级氛围,帮助学生缓解紧张的高三学习压力。

一、重视常规管理,营建良好的学习氛围

每天的早自习中午静校与行政班、教学班的自习课,我都坚持到班里转一转,及时了解每个学生的状态,了解班级的运转状况。进入高三,我又多了一项"特色工作"——陪伴自习课。记得在高三第一次班会上,我提出了一个设想,就是把下午第四节课变成师生共同的学习时间,我和学生约定,只要学校没有其他工作安排,我一定会准时出现在教室和学生共同自习。在接下来的一个月中,我履行了我的诺言,并在每周一的班会课上结合我的亲身感受对实施效果进行点评。例如,第一周我发现同学们安静的速度明显加快;第二周发现有些习惯在书吧学习的同学回到了教室,说明大家对教室学习氛围的认可;第三周表扬学习效率高的同学并请他们交流介绍经验;

第四周我分享自己是如何合理使用自习时间的。渐渐地，我发现不论是我还是学生都已习惯和享受这段自习时间，在这里，我不是一个看管者，而是他们当中普通的一员，静静地看书、备课、批卷子，或是找学生谈话，惬意而且高效。

二、转变管理思路，丰富教学模式

在高三，为了节省时间并向学生灌输大量的知识，各科教师的教学模式经常是如出一辙。学生一天的学习毫无变化和特点可言，长此以往，学生的学习积极性就会消磨在日复一日的枯燥学习中。学习积极性的下降必然会引起班级管理效果的变化，因此教师进行有意义的教学是十分必要的。同时，各科教师应当组织经常性的教学研讨，进行反思，采用多样化的、灵活的教学方式，将讲授与互动相结合、灌输与知识探索相结合、理论与时间相结合、线上与线下相结合，以丰富学生的课堂体验，提高学生的学习积极性。

高三学生归因心理发生很大变化，学习的主动意识明显增强。学生对于学习成败的归因，更重视个体学习行为的影响，而不是客观条件。对于学习成绩的提高，他们更多地寄希望于改进自己的学习行为、学习情感以及优化学习过程，如学习态度的端正、方法的改进、时间利用率的提高、学习毅力的增强等，而不是客观条件的改变。学生抓住了学习活动中矛盾的主要方面，更重视个体学习行为的影响，这会使学生更积极主动地改进学习方法，调整行为模式，这正是当今学生个体主动意识增强的具体体现。

三、利用情感教育激发成长动力

对于高三学生，成绩边缘生的定位相对单一明确，主要指经过努力很有希望达到各个本科段分数线的学生，但心理边缘生却涵盖了各个分数段的学生。高三学生都有强烈的升学欲望，考上大学，特别是考上重点大学会对自己未来工作、生活具有重要意义。然而高考这种选拔方式，具有很强的竞争性，并不是每个人都能如愿以偿，这就必然引起考生对学习成绩进退的看重和对升学的担忧。成绩好的同学担心优势能否一直保持到高考，成绩弱的同学则担心是否能达到一本或是本科线，这种状况如果长期得不到有效调节，就会诱发心理疲倦，产生不安、焦急与紧张等消极的情绪。这时，就需要班主任做好兼职的"心理医生"。

学生心理负重的对策包括以下三个方面。

（1）明确奋斗目标，激发学生的自信心。教师的评价常常会对学生的自信心产生重大影响。因此，我根据每个学生的实际情况，帮助其明确个人阶段的奋斗目标，不断用目标激励、鼓励学生，使学生能充分认识到自己刻苦学习的意义、取得的进步和拼搏的价值，变"苦学"为"乐学"。

（2）保持平常心态。教师首先要摆正自己的心态，要把自己变成考生的"稳定器"。教师自己情绪稳定、愉快，就可通过感染、积极暗示等心理机制传递给学生，有助于学生情绪稳定。老师对学生的考试充满信心、情绪积极，有利于强化考生的信心。高三的一年中，每逢大型考试前夕，我都会与心理素质差、情绪起伏比较大的学生进行细致耐心的交流，引导学生以保持平常心去参加考试，不给学生造成太大的心理压力，不过分期待，全方位接纳学生。

（3）用好问卷调查表，有针对性地进行心理疏导。每学期心理组的老师都会在不同的学习阶段对高三学生进行心理问卷调查，并将班级出现的共性问题反馈给班主任，这就为我及时了解班情提供了有力的帮助。针对这些共性问题，我设计了心理辅导的主题班会，并邀请家长、心理老师给学生做了专题辅导讲座，取到了良好的效果。

第五节　唤起学生成长的力量

——新学期致辞

每当我们告别了"乱云低薄暮，急雪舞回风"的冬天，迎来"迟日江山丽，春风花草香"的春天，孩子们就作别了"自歌自舞自开怀，且喜无拘无碍"的寒假，即将开始"少闲月""人倍忙"的新学期。此时我总想为孩子们送上这样的祝福：雄鸡喜报春光好，健笔勤书正气多。

我们学校一直站在系统教育的高度，按照教育规律和人才成长规律深化各项教育改革；我们的老师遵循"法道、精致、高端"的要求踏实细致地做好各项工作，推升创新人才的卓越发展。"全国优秀家长学校"、全国"学校自主变革"高峰论坛主办单位，各项荣誉让身为青岛二中人的我，为这个优秀的团体倍感骄傲与自豪。"第七届全国中学生领导力展示会特等奖""FTC 全国总决赛一等奖"，作为一名青岛二中的教师，我体味着"得天下英才而育之"的无限幸福。新学期，新面貌，但我们的"山海精神"不变，我们"敬教、乐学、育人、报国"的追求不变。一个学期说长也长，说短也短，四五个月、一百多天而已。我想以下面三句话与同学们共勉。

一、做一个善良而富有爱心的人

追求真、善、美，这是人文精神的重要内容；"向真、向善、向美"是教育的重要目标，也是理想人格的重要要求。高一的同学们，相信你们已经融入了 MT 这个美好的家，请你们爱这个家，爱这个家中的每一个人，同时在这里收获同样的爱。记住，你们以什么样的眼光看世界，这个世界就会在你们面前呈现什么样的色彩。让我们做一个善良而温暖的人，温暖他人的同时也温暖自己。

二、做一个自信而肯于实干的人

"自信人生二百年，会当水击三千里。"但是，空有自信成不了大事，行永远重于言。相信高二的同学对此一定深有体会，你们褪去了生涩，正处在承上启下的关键阶段。在这学期里，各个学科都将结束新的课程，所以，千万不可掉以轻心，只有打好高二的基础，才能在高三的复习中游刃有余。请你们学会用心去规划自己的未来，也请你们牢记，纪律与约束造就理智与自由。

三、做一个拼搏而敢于挑战自我的人

还记得海明威笔下的老人吗？"人尽可以被毁灭，但却不能被打败！"高三的同学们，请你们相信：选择了勤勉和奋斗，也就选择了希望与收获；选择了痛苦与艰难，也就选择了练达与成熟；选择了拼搏与超越，也就选择了成功与辉煌。

新学期，学生面对着诸多的创新与挑战，我时刻激励学生用信念与激情成就更多的奇迹。

第七章　厚积薄发，智慧蓄力启航

第一节　从"自主"谈中美教育差异

不知不觉，美国教育考察之行已过去半个月。从 9 月 27 日到 10 月 11 日，那段充实忙碌的日子依然历历在目。之所以迟迟没有下笔记录下这一路上难忘的经历，是因为脑子中大量的信息一直没有梳理顺畅，没有找到一个好的切入点，于是很自然地便想到借鉴网络上的文章找找思路。在输入"中美教育差异"后，结果让我大吃一惊，百度显示相关文档约 385835 篇。看来，"中美教育差异"已经不是什么新鲜话题了，认真翻看了其中几篇，大都是从两国的历史文化、教育理念、教学目标、情感价值观等方面进行详尽的阐述。而每当读到文章中一些具体的课堂实例时，我总会不由地与我所考察的美国学校比较，于是我决定就从我感触最深之处入手，也谈谈我眼中的美国教育。

【思考一："不输在起跑线"还是"不落后于终点"】

一提到中美两国的基础教育，尤其是数学学科，大家公认的便是我国的数学教学难度要远远大于美国。"中国学生的数学水平可以甩美国学生几条街""中国学生小学所学的知识在美国的初中都绰绰有余"，诸如此类的说法不绝于耳。可是，不知大家是否思考过这样一个问题：美国的中小学教育那么糟糕，为什么美国的大学那么厉害？为什么美国无论是科技还是人文方面的创新，都走在世界前列？在第 56 届国际奥林匹克数学竞赛中，美国队更是以 5 金 1 银的成绩获得了团体总分第一名。通过对美国课堂的亲身感受，我想可能是因为美国人奉行"不落后于终点"，而中国人相信"不输在起跑线"，美国与中国教育的差距，很大程度上在于高中的学习。

第一，学制上有差距。大部分美国高中阶段是 9～12 年级，学生可以用四年的时间进行高中知识的学习，我们所参观的所有美国高中都符合这一点。而中国的高中阶段其实只有两年，因为我们的第三年基本全部是在准备高考，学生每天被淹没在高考习题和答题策略中，没有很多时间学习新知识，接触课题研究、项目式学习的机会更是少之又少。

第二，课程设置上有差距。美国高中是学分制的，他们可以开出比中国高中多得多的必修课和选修课，学期结束时教师会通过一套严格完整的认定系统给予评定。他们真正做到了根据学生的水平进行不同程度的课程设置（类似于我们的分层次教学），水平高的学生可以就读"荣誉"班（honors class）、"大学预修班"（AP class）以及全球认证的"国际"班（IB class），水平低的学生则可以从最基本的初等数学内容开始学习。这就是为什么在同一所学校同一个年级，同样都是数学课，我听到的内容是在讲授一元一次方程，而另外一个教室的老师听到的却是微积分。同时，美国的大学、科研医疗、政府机关等机构，都会有专门的部门来负责协调高中生的课外社会实践和科研活动：美国的高中生可以到大学上课拿学分；可以到科研机构和科学家一起做课题；可以到各级政府机构担任官员助理或秘书，甚至在职业技术高中就读的学生，毕业设计要经过国家专业部门的鉴定并开具鉴定报告才可获得通过。因此，学生的视野和综合实践能力都会在无形中逐渐产生差距。

第三，教师对"教师"这一职业的理解有差距。首先，美国的高中设置咨询部，这个部门的主要职责是帮助学生申请高等教育，同时进行职业规划和指导，学生在校期间会定期参与与职业规划相关的讲座，并在咨询教师的指导下全面了解他所适合的大学和相关专业。所以，学生将来从事的职业大多是在高中阶段便开始规划的。其次，美国的教师更像是学者，他们的课堂不是简单地讲授知识、加强训练，而是为学生提供更为广阔的视野。在他们看来，前人已有的东西不应再成为授课重点，他们更关注通过课堂设计让学生学会如何思考，学会如何学习。理科的课堂会强化思路的展示与逻辑思维的生成训练，越是低年级越重视；而文科课堂则更加重视阅读与写作和批判性思维的训练。每次与数学教师交流时，我都试图了解他们使用的教材，然而回答都是没有固定教材，教师们往往会在统一大纲的前提下结合学生的实际水平精心选择授课内容，设计授课方式，因此，看似轻松随意的课堂，却让人时刻能感受到他们在教学上的设计与用心。

通过种种对比我发现，在高中阶段，美国学生开始逐渐赶超中国学生，因为他们认为，只有笑到最后的人，才会一马当先冲过终点。

【思考二：强大的阅读与写作能力源于何处】

2015年1月，我在《数学教学》杂志上看到了一篇题为"高中数学资优生学术能力培养现状调查"的文章。文中指出："在教育部取消理科竞赛省赛区一等奖高校保送资格的新环境下，一味追求理科竞赛不再是这些资优生的主流选择。我们认为，从数学学科而言，学习数学的目的之一是数学的运用与创新，而能在新的情境中综合、灵活、创造性地运用所学的数学知识和技能来解决问题，离不开高超的研究能力。因此，为适应学生多元化发展的需求，应在中学阶段尽早为资优生提供学术研究的环境，培养其学术研究兴趣和研究能力，以期与高等学府有效对接。"对于这段话，我一直深以为然。面对我校如此优秀的学生群体，作为一名数学老师，不仅仅要教给学生如何应对高考，如何熟练解题，还要给资优生营造一个良好的学术氛围，培养他们具备基本的科研能力，这样才能与我校先进的教育理念相吻合。而学术论文写作是科研能力的一个重要体现，如何让学生具有独立思考的能力，如何在学科教学中渗透阅读与写作指导，切实提高学生撰写论文能力，这些问题一直萦绕在我的心头。这次的美国之行，让我受到了很大启发。

片段一：无论进入哪个教室，我一定会在某个角落找到一个放满书籍的书架；不管是什么学科的老师，在与我们交流时一定都会随手拿出两三本专业学科的书籍介绍给我们，并详细指出哪些推荐给学生使用，哪些适合教师使用。这些细节都可以从侧面反映出美国教育对阅读的重视，教师对学生的阅读指导以及教师本身的阅读量。

片段二：10月6日上午，Loomis Chaffee School。在最后的问答环节中，我提出了这样一个问题：如何在理科课堂渗透阅读和写作？

理科教学负责人给出了如下回答：理科教学也非常重视阅读与写作，我们会教给学生写作技巧，教给他们如何从不同视角分析同一问题；我们会向不同学生推荐不同书籍，旨在进行思想与行为上的导引，同时会伴随大量阅读和写作训练；我们还会要求高年级的孩子给低年级的孩子写学法指导。所以我们的写作都是创新型的，没有机械复制性的内容。以具体学科为例，生物课上，我们会要求学生写实验报告，按照专业要求撰写论文；数学作业很少出现只与对错的题目，取而代之的是大量的"explain why or why not""If no, state why. If yes, state what the restriction(s) would be"；而英语课则干脆用小说替代课本，让学生阅读之后再结合其他阅读资料和视频资料得出自己的观点，而教师可从语法、文章结构、观点的逻辑性等诸方面制定繁杂的评分标准，旨在全方位、公平公正地评价学生。在我看来，这样的作业设计既要求学生有独立性，又要有相互合作的精神，教师并不在乎学生的观点是否和他的一致，而是重视学生的论证过程是否扎实、有逻辑性，能否自圆其说，从而训练学生的批判性思维。同时美国的教学方法并不单纯看中阅读速度和数量，而是着重构建阅读和思考之间的关系。正是这些点点滴滴的积累，使得学生逐渐学会了如何用学习提高写作，用写作提高学习。正如这位负责人最后所说："不是我给了你 A，而是你通过努力拿到了 A。"

片段三：王帅，2005 年毕业于青岛二中。他是我送的第一届毕业生，国内本科毕业后以优异的成绩获得全额奖学金赴美继续深造，获得数学、心理学双学士及心理学博士，现任教于美国伊利诺伊大学香槟分校。在美期间，我经常就我的所观所想与他进行交流，而他的亲身体会也再次让我感叹于美国教育在阅读与写作方面的重视。"程老师，您知道吗，在美国发表一篇论文是一件让人非常头疼的事情，我最近发表的一篇文章花费了近两年的时间，主要原因便是不断修改，不断确认文章非抄袭作品，再加上对文章格式近乎苛责的要求。"例如，美国写作的主流格式是"APA"格式，这种格式特别针对社会科学领域的研究，它规范了学术文献的引用和参考文献的撰写方法以及表格、图表、注脚和附录的编排方式。其具体要求包括每一段的开头应当按一下键盘上的 Tab 键再开始写，而不是直接按空格 Indent（首行缩进）；文章要使用双倍行间距（Double Space）；字体要求使用 Times New Roman；字体大小要求 11～12 号（教授的不同要求）；需要有页眉，第一页的页眉要有 Running head；还有页码要在页眉的最右边，而第二页的页眉内容不需要 Running head，只需要文章标题的简版和大写；纸张的边距要求 1 英寸（2.54 cm）；需要 Title Page，上面要有文章名、作者名（你的）、指导老师、科目、学校、日期，甚至是班级等。其要求之高、格式之复杂可见一斑。最重要的是，针对这种专业形式的写作训练，美国的孩子从高中甚至初中便已开始，并且非常成体系，也就是美国的教育从小便在为孩子准备研究能力。

通过这些观察和思考，我总结出如下经验。

（1）学会将阅读与写作渗透到课堂中，提升课堂品质。回国一个星期后，我开始尝试在所教班级中布置数学"小写作"，要求学生从每天的作业中选取一个印象最深刻的环节进行笔录，它可以是解题过程中的困惑与感受，可以是章节知识的归纳与总结，甚至可以是对题目的吐槽、对老师的建议。面对高三这个学生群体，进行全新的课堂创新和尝试不太现实，我只希望通过这种改良式的写作了解学生学习过程中最真实的一面。如果学生焦虑急躁，我可以及时进行心理疏导；如果知识点出现严重疏漏，我可以及时进行学习辅导；如果发现有价值的规律或结论，我可以给其专业指导，使其形成有价值的学术成果甚至论文，一举多得，何乐不为？

（2）不再轻视教学过程中生成的"学术小研究"。回想以往的教学过程，经常会有这样的场景：下课后，某些学生会急于表达他们通过某节课的学习发现的一些规律性的东西，这些发现在我听来，要么是将来大学才会学到的知识，要么是根本行不通的"死胡同"，所以我或以课堂时间有限为理由，或草草给出大致研究方向让其不了了之，甚至是语言粗暴地予以否定，从而打消学生继续进行下去的念头。现在看来，这种行为没有真正尊重学生，也没有从学生的需求出发，剥夺了学生自主探究的机会，而这些才是我们课堂教学最宝贵的地方。如果以后再遇到这种情况，我一定会认真倾听、悉心引导，让学生真正体会自主发现问题、解决问题的全过程，让学生感受到数学的学科魅力。

（3）如果说美国教师有什么地方让我羡慕，不是舒适的工作环境，不是先进的科技手段，而是他们真正意义上的小班授课。大部分的教室里坐着十几二十个学生，最大的班也不超过 25 人。美国老师可以真正做到关注每个学生个体，基础弱的学生可以随时补课；心理有问题的学生可请学校专职老师进行跟踪指导；每个学生都要定期接受职业规划培训，还可以随时预约导师进行个性化职业规划指导，每个学生都在最大限度地享受优质的教育资源。反观我们的老师，每天也在辛苦地做着同样的事情，但往往是身兼数职，工作量翻倍，所以这更需要我们以积极的心态、富有智慧的教育教学方式达到教育效果的最大化。

（4）个人短期规划：准备两个方向的选修课——"新 SAT 试题赏析——数学篇""如何提高数学阅读与写作"。我想，有关中美教育差异的话题仍会继续。中美两国专家学者仍在不断探索与反思，希望通过一系列举措找到适合本国国情的教育理念及教育方式。因个人水平有限，所谈观点肯定会有局限和不足，短短十几天的交流与学习，我不能说真正了解了美国教育，但给我带来的触动是实实在在的。我希望能将这次学习的收获应用到课堂教学中，真正成为一名有思想的学术型教师。

第二节　如何自主学好高中数学

今天着重强调的是自主学习。这一能力，是我们身处自主环境中取得成就的必要素质。时间摆在那里，没有人给你安排；资源摆在那里，没有人替你挑选；目标摆在那里，没有人提醒你；成绩摆在那里，没有人为你分析——一切都需要你自己去做，而且最好由你自己去做。即使今天、明天有人替你做，总有一天，要自己去面对。所以，关于自主学习能力的锻炼越早越好。青岛二中的学习环境以自由开放著称，实际上就是我们着意锻炼这种能力的体现。

一、数学的价值

（1）什么是数学？

（2）你心目中的数学是什么？ ① 数学是思考解决问题的方式；② 数学是一门科学语言；③ 数学是一种提高素质的途径；④ 数学是一种文化，是一种方法论，是一种精神和态度，是"思维体操"。

我国著名数学家华罗庚先生曾经说过："宇宙之大，粒子之微，火箭之速，化工之巧，地球之变，生物之谜，日用之繁，无处不用数学。"

二、初高中数学学习的差异

（1）教材内容上的差异。

（2）教学方法上的差异。

（3）学习方法上的差异。

（4）思维能力上的差异。

（5）心理状态上的差异。

三、高中数学学习方法

（一） 培养良好的学习习惯

（1）情商理论———一个人的成功 80％ 取决于情商，20％ 取决于智商。习惯、意志、兴趣、与他人合作很重要。

（2）良好的学习习惯。良好的学习习惯包括自学、上课专心、及时复习、独立作业、系统小节五个方面。这是一个不可分割的、完整的学习流程与学习环节。

（二） 夯实基础是不断进步的台阶

基础是解决数学问题的前提，只有夯实基础，才能如鱼得水、游刃有余。

基础知识是概念＋定理＋公式 ，是知识发生的过程，包括背景、经过、结论。在学习基础知识时，应该思考它们是什么？为什么？从何而来？有何用？否则就会导致战略性错误，高考成绩的高低往往与基础成正相关。

（三） 掌握常用的数学思想和方法

"会当凌绝顶，一览众山小。"数学思想方法是对数学知识最高层次的概括与提炼，是适用于中学数学全部内容的通法。较之数学基础知识，其具有更高的层次，具有观念性的地位，也是高考考查的核心。数学思想和方法可分为三个层次，其主要内容如图 7-1 所示。

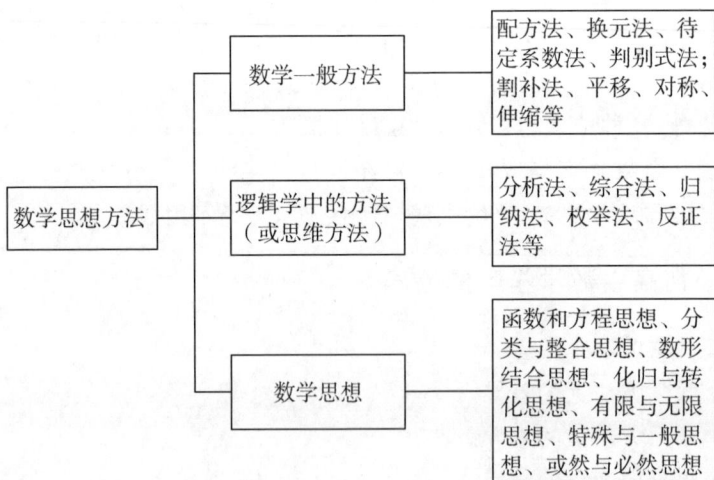

数学思想方法	数学一般方法	配方法、换元法、待定系数法、判别式法；割补法、平移、对称、伸缩等
	逻辑学中的方法（或思维方法）	分析法、综合法、归纳法、枚举法、反证法等
	数学思想	函数和方程思想、分类与整合思想、数形结合思想、化归与转化思想、有限与无限思想、特殊与一般思想、或然与必然思想

图 7-1　数学思想与方法的三个层次

（四） 学会思考、学会提问

数学不是靠老师教会的，而是在老师的引导下，靠学生自主的思维活动获取的。学习数学就是要积极主动地参与学习过程，养成独立思考、勇于探索的创新精神，不满足于现成的思路和结论，经常性地进行一题多解、一题多变，多题一解、多层面地去思考问题，挖掘问题的实质。

（五）　亲身体验

（1）美国华盛顿大学曾有一条横幅内容是"我听见了，就忘记了；我看见了，就领会了；我做过了，就理解了"。它高度概括了学生参与教学活动，直接体验学习的重要作用。

（2）要掌握"听一遍不如看一遍，看一遍不如做一遍，做一遍不如讲一遍，讲一遍不如辩一辩"的诀窍。除了听老师讲、看老师做以外，还要自己多做习题，要把自己的体会主动、大胆地讲给大家听，遇到问题要和同学、老师辩一辩，坚持真理、改正错误。

（3）心理学家曾统计过，在各类形式下学生对知识的接受效果：只读能接受 10%；只听能接受 20%；只看能接受 30%；试听结合能接受 50%；自学消化能接受 60%；合作讨论能接受 70%；亲身体验能接受 80%；自己学会了再教别人，可接受 90%。所以，我们在进行课前预习、课堂学习、回家作业和课外提高时，都应该考虑到这些理论的指导和各种客观因素的影响，一步一个脚印。这样，一定能在学习的过程中不断得到进步。

（六）　合作交流

"一花独放不是春，万紫千红春满园。"一个人的智慧是有限的，要充分利用他人智慧与青岛二中优秀群体的优势资源；要学会合作学习，与同学建立好关系，争做"小老师"，形成数学学习"互助组"。人们常说"一个苹果交换一个苹果还是一个苹果，但一种思想交换一种思想就收获了两种思想"，这是对学习、借鉴他人经验的最好诠释。从他人身上发现闪光点、学会欣赏他人，这是一个人成长过程中不可或缺的重要品质。

（七）　学会总结

一些学生对公式、定理记不清或不能完整地叙述有关概念，教师点拨一下就能回忆起来，但不提示就很难想起来。这说明这些学生对数学知识和方法没有形成自己的认知结构，遇到问题，就漫无边际地寻找相关解法。这种无序的状态是数学学习的"拦路虎"。

把数学知识方法建立成一个网络，有序地放在大脑信息库中。每天闭上眼睛思考 5～10 分钟，思考"知识网络"会让人"熟能生巧，巧能生辉"，从大脑信息库里迅速检索出相关信息。

（八）学会"反思"

思考一下本题所用的基础知识，所用的数学思想方法是什么，为什么要这样想，是否还有别的想法和解法，本体的分析方法与解法，在解其他问题时是否也用到过。题目的量不在多，典型就行；题不怕难，常反思就行。对审题的反思，对解题思维过程的反思，对解法多样化的反思，对题目本身及解法本身所存在规律的反思，对题目变化的反思，对自己在解这道题时出现的错误的反思，都是十分重要的。

（九）建立数学笔记和数学纠错本

数学笔记是对课堂核心内容的追踪和记录，特别是对一个概念不同侧面的理解和对数学规律的归纳总结，教师在课堂中拓展的课外知识。除此之外，记录本章学习内容中你觉得最有价值的思想方法或例题，以及还未解决的问题，以便课后解决。养成良好的记笔记习惯，不仅可以让学生在听讲环节精神集中，抓住课堂重点和难点，同时也为考试前的复习提供了很好的"抓手"，帮助学生高效备考。

在数学解题过程中出现错误的原因是多方面的，从宏观上说，可分为知识性、逻辑性、策略性和心理性的四大方面的问题；从微观上说，则可分为概念不清、审题不细、算理不明、推理不当、思考不周、计算不对、思路不佳、解法不优等原因。针对具体的题目，还可更恰当地将解题错误的原因分为基本概念混淆模糊、空间想象能力薄弱、阅读理解不到位、应用题建模困难等。所以，学生还应该再准备一本"纠错本"，把自己在学习过程中出现的典型错误，包括原题（课本原题标记位置即可）、正解、错误原因、纠错策略等。俗话说得好：好记性不如烂笔头。记过一次的东西在头脑里容易产生条件反射，可以大大减少重犯这类错误的可能性。

高中数学其实没有那么难，只要有目标、有计划、有决心、有信心、有恒心，相信每一位同学都能学会、学好。

第三节　核心素养下高中数学课堂的构建

简单来说,核心素养主要是指学生应该具备的,并且对于学生的个人发展以及社会需要会产生重要影响的品质和能力。具体到数学学科中,其内涵更是十分丰富,主要包括数学抽象能力、直观想象能力、数学运算能力等几个主要方面,也就是说,数学核心素养的培养也应通过这几个方面来进行。因此,下面将结合这几个方面来阐述在高中数学教学中培养学生数学核心素养的具体方式。

一、数学抽象能力的培养

数学抽象能力是数学核心素养的一个重要特征,培养学生的数学抽象能力,可以使学生在学习中逐渐形成理性思考的习惯,从而使学生更加深入地理解数学的概念、结构等知识,这是学生形成理性思维的重要基础,对于学生理解数学知识的本质具有十分重要的意义。

例如,从数量关系中抽象出一般规律是数学抽象能力的一个重要表现,而为了培养学生总结数学规律的能力,最有效的方式就是引导学生根据具体问题进行抽象概括。例如,在教学"不等式证明的基本方法"这一节中,"比较法"是一个重要的知识点;在"比较法"当中,又包括"作差比较法"与"作商比较法"这两种形式。为了使学生更加清楚两种方法分别在什么条件下使用,我在教学时引导学生进行了总结,并归纳出了以下的知识点:在函数 $f(x+y)=f(x)f(y)$ 当中,如果 $f(x)<0,x>0$,那么更加适合使用"作差比较法",并且比较的对象是 0;在函数 $f(xy)=f(x)+f(y)$ 当中,如果 $f(x)<0,x>1$,那么更加适合使用"作商比较法",并且比较的对象是 1。通过归纳总结,使学生掌握了这种题型的一般解题规律,可见,这是培养学生数学抽象能力的有效方式。

二、直观想象能力的培养

直观想象能力主要是指通过空间想象感知事物形态的能力,其主要表现就是借助几何图形解决数学问题，这样一来，可以使复杂的数学问题得到简化，从而拓宽学生的解题思路，使学生的数学能力得以提升。因此，在教学中，教师应有意识地将数形结合的方法渗透于教学过程中，引导学生利用图形来呈现数量关系，以此来培养学生的直观想象能力。

例如，数列是一种以正整数为定义域的函数，数列通项公式可以用函数的形式表示出来，也就是说，在解决数列问题时，可以引导学生将数列所在函数图像画出，这样一来，可以对数列问题做出更加准确的判断。比如有这样一道题：$\{an\}$为等差数列，首项大于零，且 $3a_8 = 5a_{13}$，求 S_n 为最大值时 n 的取值。由 $3a_8 = 5a_{13}$ 可知，$a_8/a_{13} = 5/3$，又因为 $a_1 > 0$，所以 $a_8 > a_{13}$，所以该数列为递减数列，然后，在坐标系中画出该数列所在的函数图像，图像与横轴相交于 C 点，过 a_8 和 a_{13} 作垂直于横轴的线段，且与横轴分别相交于 A 点和 B 点，这样可以构造出两个相似三角形，设 BC 为 x，则 $x/(x+5) = 3/5$，解出 $x = 7.5$，所以 C 点的坐标为 $(20.5, 0)$，由于数列定义域为正整数，所以当 n 为 20 时，S_n 有最大值。最终，利用图像，十分准确地得出了正确结果。可见，数形结合训练是培养学生直观想象能力的有效方式。

三、数学运算能力的培养

毋庸置疑，运算能力是贯穿于数学教学全过程的重要能力，是数学核心素养的重要基础。为了培养学生运算能力，仅仅让学生掌握基础的运算法则是远远不够的，应该引导学生更加灵活地运用计算方法，只有这样，才能不断提高学生的运算效率。

例如，在对数函数的教学中，我给学生出了这样一道题：已知 $a > 0$，且 $a \neq 1$，求 $\log_a(x - ak) = \log_{a^2}(x^2 - a^2)$ 有解时 k 的取值范围。在解题时，有学生设原方程的解 x 应满足 $\begin{cases} (x - ak)^2 = x^2 - a^2 \\ x - ak > 0 \end{cases}$，由 $(x - ak)^2 = x^2 - a^2$ 可得 $2kx = a(1 + k^2)$。然后，学生分别计算了 $k = 0, k \neq 0, k < 0, k > 0$ 时 k 的解，最后得出了正确的结果，从解题过程来看，这种方法无疑是十分复杂的。于是，我引导学生将原方程变形为 $k = \dfrac{x}{a} - \sqrt{\left(\dfrac{x}{a}\right)^2 - 1}$ $(x^2 > a^2, a > 0, a \neq 2)$，设 $\dfrac{x}{a}$ 为 t，将原方程转化为求函数 $k(t) = t - \sqrt{t^2 - 1}$ 的值域。最终，通过这种

方法,计算过程得到了简化。可见,要提高学生的运算能力,应该不断强调解题过程的灵活性。

总之,在新课标深化实施的背景下,各学科都对学生核心素养的培养提出了更高的要求。因此,在高中数学教学中,教师应有意识地进行核心素养相关理念的渗透,并根据数学学科的特点不断完善每一个教学环节,只有这样,才能不断促进高中数学教学质量的提升,从而更好地培养学生的数学核心素养。

第四节　高中数学教学中"后进生"的转化对策

高中数学"后进生"的形成有其自身的主观因素,也有与教学相关的客观因素。很多高中数学教师认为"后进生"的形成原因在于"后进生"自己不认真对待数学学习,忽略自身对"后进生"的影响。实际上,有时"后进生"的产生恰恰是因为教师本人没有掌握恰当的教学方法,造成学生在学习数学过程中出现困难,又没有及时与教师进行有效的沟通交流。由此可见,教师在高中数学教学过程中注重探索转化"后进生"的相关策略,对于促进班级的发展至关重要。

一、激发兴趣,调动学生的非智力因素

"后进生"在学习过程中缺乏学习兴趣是客观存在的事实。正是因为"后进生"对高中数学学习兴趣的缺失,造成其学习积极性不高,严重影响了其学习成绩的提高。所以,在高中数学教学过程中,教师必须充分激发学生的学习兴趣,调动学生的非智力因素,使学生全神贯注地投入数学学习中。

例如,在教学"平面与平面平行的性质"时,为了激发学生的学习兴趣,调动"后进生"学习数学的欲望,我根据教学内容设计了新颖有趣的问题。首先,我让学生观察手掌心的掌纹,主要有生命线、智慧线、感情线。然后,我组织学生思考如下问题:假如把这几条掌纹看成直线,那么两手掌心相对时,两只手所在的平面是平行的,此时左手的感情线和右手的感情线是什么

位置关系？左手的感情线跟右手的生命线是什么位置关系？左手掌纹的所有直线与右手掌纹的所有直线中有没有相交的？最后，我组织学生积极讨论，让学生在自主探究与合作交流的过程中理解和掌握相关知识。这种趣味化的课程导入设计，可以让学生，尤其是"后进生"切实感受到数学知识的乐趣。同时，把抽象的问题变得趣味化和生活化，提升了"后进生"的学习兴趣，促使"后进生"投入学习，也有利于其学习成绩的提升。

二、改善教法，注重学生的学习体验

高中数学课程内容抽象、困难，即使教师针对相关数学知识的讲解已经十分详细，但是学生尤其是"后进生"未必能将其灵活运用到具体问题的解决中。这是因为，教材中很多的定义、公式等都是前人经历长期探索的成果，学生不能切实感受其形成过程，不能很好地掌握相关知识，也就不能灵活运用。所以，在高中教学过程中，教师应当改善传统的讲解式教学方法，多组织学生参与一系列探究活动，让学生在自主探究与合作交流中发现规律，从被动地知识接受转变为主动地知识获取，增加"后进生"对于数学学习的良好体验。

例如，在教学"单调性与最大（小）值"时，为了加强学生的学习体验，我引导学生进行自主探究与合作交流。首先，我将学生分成几个小组，并给出了三个二次函数：$f(x)=x^2$，$f(x)=x^2-3$，$f(x)=x^2-2x$。然后，我让学生自己画出函数图像，并进行小组讨论，探索函数图像的变化规律。最后，我组织学生进行全班讨论，并总结归纳函数图像的规律特征。在这个过程中，我可以有针对性地去帮助那些作图有困难，从而不能很好地体验规律、探索过程的学生，以加深"后进生"对数形结合的理解与掌握。同时，"后进生"通过小组合作的形式与其他同学互相帮助、互相督促，提升课堂参与度，增加学好数学的信心，潜移默化地提升自己的数学能力。

三、因材施教，兼顾学生的层次差异

不同的学生在生理条件、生活环境以及教育环境等方面都存在差异，这使得每个学生都有自己的性格特点及学习特征。教师应当积极转变自己的态度，加强对学生情感变化的关注，主动、耐心地帮助"后进生"掌握重难点，多表扬、鼓励"后进生"，促使"后进生"树立数学学习自信心。所以，在高中数学教学过程中，教师应当基于学生的实际情况，结合学生的年龄特征、个性发展和层次差异有针对性地进行教学，也就是因材施教。简单地说，因材施教可以充分调动学生学习的积极性，最大限度地兼顾不同层次学生的差异性，提升高中数学教学的实效性。

例如，在教学完"二次函数"后，学生对二次函数的单调性有了一定的认识，我组织学生复习时提出了以下问题：

（1）已知 $f(x)=x^2-ax+2$ 在 $(-\infty,0)$ 上单调递减，此时 a 的取值范围是什么？

（2）已知 $f(x)=\lg(x^2-ax+2)$ 在 $(-\infty,0)$ 上单调递减，此时 a 的取值范围是什么？

（3）已知 $f(x)=\log_2(x^2-ax+2)$ 在 $(-\infty,0)$ 上单调递减，此时 a 的取值范围是什么？这三个问题难度依次递进，可以考查不同层次的学生，很多学生跳一跳就能摘到"果实"，可以让不同层次的学生有所收获。

总而言之，高中数学教师应当积极探索"后进生"转化对策，从激发兴趣、改善教法、因材施教等多方面出发，调动"后进生"的学习积极性，加强"后进生"的学习体验，帮助"后进生"提高学习效率和学习成绩，进而实现班级整体协调发展的目标。

来自程志老师同事的心声

程志老师的这本书，集结了她多年的教学智慧。我们激动与喜悦的心情油然而生，不禁想改用一首诗，来表达对这本书的感情："虽已桃李满天下，更愿将渔授之他。"

这本书记录了程老师高中数学学科教学的方方面面，践行自己热爱教育、投身教育的信念，体现了教学的专业性，带领学生在学习与实践中不断成长。

程老师多年如一日，勇于创新、敢于实践，为我们呈现了先进的教育理念与教育思想；精彩的课例展示，为我们平时的工作起到很好的指导作用；详尽而又具有创新特色的教学研究成果，值得每位老师学习借鉴。

这本书内容大胆创新，体现了理论联系实践、教育创新的方针，老师们读后会反思之前老一套的教学方式或方法，会发现在自己的课堂上有许多值得创新的地方，可以极大地提高学生的学习兴趣与自主学习的能力。每一个教育思想的研究，都很好地体现了勇于创新、积极探索的精神，这也是教师专业化成长的过程，值得所有的老师学习。

为什么程老师会有这么多的教学创新呢？古语有云："纷吾既有此内美兮，又重之以修能。"我们要向程老师学习这种精神，即使自己的教学水平达到了一定的高度，也要不断地创新。程老师很好地将中西方的教育方式有机结合，改变传统教学套路，即从讲例题到归纳，最后得出结论的模式。程老师在教学中倡导学生自主管理、自我发展，重视思维创新与逻辑推理，使学生更加主动地投入学习实践，效果显著，成绩斐然。

教育工作者就是如此，想要成就学生，我们自己就需要不断地开拓思维。《中庸》里提道："尊德性而道问学，尽精微而致广大，极高明而道中庸。"这句话在数学教学过程中体现得淋漓尽致，程老师也将其运用在建模教学中。

难得一畅书，愿君细论文！